日知文丛

直面人文学术危机

仲伟民　著

浙江古籍出版社

图书在版编目（CIP）数据

直面人文学术危机 / 仲伟民著 . -- 杭州：浙江古籍出版社，2022.4

（日知文丛）

ISBN 978-7-5540-2199-6

Ⅰ.①直… Ⅱ.①仲… Ⅲ.①学术期刊-中国-文集②人文科学-学术评议-中国-文集 Ⅳ.① G237.5-53② C53

中国版本图书馆 CIP 数据核字（2022）第 046494 号

日知文丛

直面人文学术危机

仲伟民　著

出版发行	浙江古籍出版社	
	（杭州体育场路 347 号　电话：0571-85068292）	
网　　址	https://zjgj.zjcbcm.com	
责任编辑	周　密	
封面设计	吴思璐	
责任校对	张顺洁	
责任印务	楼浩凯	
照　　排	浙江时代出版服务有限公司	
印　　刷	浙江海虹彩色印务有限公司	
开　　本	889mm×1194mm　1/32	
印　　张	5.75	
字　　数	120 千字	
版　　次	2022 年 4 月第 1 版	
印　　次	2022 年 4 月第 1 次印刷	
书　　号	ISBN 978-7-5540-2199-6	
定　　价	35.00 元	

如发现印装质量问题，影响阅读，请与本社市场营销部联系调换。

序

老仲从社科院一家"顶级期刊"来到清华,不觉已有十几年了。这些年里,我们不但是《清华大学学报》配合默契的老搭档,也是双重意义上的同事,都一边做学报的工作,一边在人文学院教书。然而和老仲的投入相比,我在学报的工作只能算一份兼职,而他则可以说是全职做两份工作。这还不仅是一般意义上的全职,而是两份安身立命的事业。我很清楚他在学报上付出了多少的时间、精力和热情,甚至一度有些担心,一个人的时间精力毕竟有限,繁重的学报工作会不会影响他作为学者的发展。然而事实证明,我的担心是多余的,他不但把学报办得越来越好,成为全国学报界公认的领军人物之一,而且在历史研究和教学上也成就斐然,在学者和主编这两重身份上都非常成功。令人佩服的是,他不但走出了一条具有典范性的"编辑学者化"路子,还在编辑工作实践中提炼出了学术,而且是一种"有思想的学术",这本即将面世的书就是最好的证明。这种在学术和办刊之间游刃有余的境界,绝非一般人可及,从期刊研究的视角看,他的经历本身,或许就值得做为个案来研究吧。

相处久了,在老仲身上可以明显地感觉到另外一种双重性。他是山东人,谦谦君子,待人温和,古道热肠,有真性情,和他在一起会有如沐春风的舒适感。我想这也许可以解释，为何他的朋友特别多，无论在学界还是期刊界都有很高的人望。与此同时，他的性格里也有嫉恶如仇的一面，那是一种令人肃然的果决和威严，略约近于古人所说的"温而厉"。记得有一次，某位"名家"来稿，被我委婉谢绝后，很快又换了另一篇稿，虽然同样乏善可陈，但碍于情面，我只好找了一位严格的外审专家，希望通过曲线形式解决这个头疼的问题。没想到要送外审时，发现这篇让我纠结数日的稿子，早已被老仲直接退掉了。他看稿的眼光非常犀利，对本专业之外的稿子往往也能做出准确判断，遇到好稿不问来处，不拘一格，不合格的稿子，不管作者身份多高，他退起稿来都不留情面。

这两种反差很大的性格面向，在老仲身上毫不违和地统一起来。也正是这种双重性，型塑了老仲思考和写作的风格。前些年，他曾经在清华推动过一个系列的书评活动，组织学者和作者坐在一起，共同讨论一部重要的作品。那时他就提出"建设性批评"的主张，倡导积极、健康、理性、严肃的学术批评。这部书稿恰恰可以看做他对这一主张的实践，破与立，刚与柔，勇与智，相反相成，形成了一种独具特色的学术批评。

这些文章给人的第一印象，就是大胆率真，一剑封喉，富于批判性。比如，他敢于批判学报困局背后的体制弊端（《体制与技术双重压力下的高校学术期刊》），追溯学报体制形成的历史根由（《中国现代学术传统的承载者》《中国现代学术传统与学术期刊的裂变》），揭出期刊界种种颠倒的怪现状（《学术期刊与学术研究关系之扭曲》《主辅颠倒：原发期刊与二次文献期刊》），抨击评价机制之荒谬（《量化评价扼杀人文学术》《学术评价机制混乱导致学术期刊评价无序》），痛斥评价机构的越位及其危害（《评价机构凌驾于学术期刊之上》《学术评价机构需要给予重新评价》），对学界和期刊界种种乱象之批判，切中时弊，入木三分。

与此同时，他的笔端又带有一种温情。那是他性格中的另一侧面，也来自他对学术的热爱，对期刊的关怀，对理想的坚持。以评价问题为例，尽管他对评价现状表达了诸多不满，但并非一味地批判和否定，而是肯定现有评价体制和评价机构的一些积极因素，并希望通过建设性的对话来改善评价（《如何客观评价 CSSCI》），他还对理想中的学术评价进行了初步建构（《学术共同体是建立公平公正学术评价的基石》）。对于学术期刊现状，他在批判中也有褒扬，其中既有对某种办刊思路和模式的肯定（《〈文史哲〉的独特道路：小综合、大专业》），也有对学术期刊中某一类文章的期盼（《学术评论：确立健康学术评价机制的基础）。再如数字化问题，他虽然对此有过忧思，特别是对数据库损害期刊利益表达过强烈不满（《学术期刊已被数据库牢牢绑架》），但更多是从期刊如何直面数字化时代出发寻找对策，甚至还在积极推动学术期刊的数字化实践（《域出版助学术期刊走向真正的媒体融合之路》）。此外，他还敏锐地关注到学界和期刊界的一些小事（《从博士论文抽取部分章节发表合情合理合法》《学术论文刊发前公示不可行》），这些事看起来虽不大，但却关乎学者和期刊人的切身利益，当大家熟视无睹或习惯性沉默时，他却站出来为民请命，冷峻的表达难掩内心的温度。

　　书中写到了两位期刊界的友人——张耀铭和朱剑，分别被老仲戏称为期刊界的"带头大哥"和"最强大脑"。这两位期刊"大佬"也是我素来尊敬的朋友，依我对他们的了解，用这两个词来形容可谓恰如其分。其实，老仲本人也兼有"带头大哥"和"最强大脑"这两种特质，这些人物荟萃一时，是期刊界之幸。期待在他们和期刊同仁共同努力下，办刊环境和学术生态能得以不断改善，也期待在下一个十年里，能看到更多这样犀利而不失理性和温情的批评文字。

罗　钢

自 序

　　朋友们读到我有关学术评价与有关学术期刊研究的文章，经常鼓励我。李伯重教授也对我说，你可以把近几年相关的文章收集一下出个集子，会受欢迎的。但一因我惰性大，不愿意收拾，二因整天忙忙碌碌，实在顾不上。几个月前，谭徐锋君寄来一纸合同，我没怎么考虑就签了，以为可以拖嘛；没想到徐锋君更厉害的一招是，丛书广告随后也打了出来，结果不少朋友询问并索书。到此，我没有理由也没有办法再拖下去了，于是就有了这本小册子。

　　人文学术危机是一个老话题，谈了很多年了。我意识到作为普通学者，人微言轻，谈与不谈都不会有太大的作用，但我更相信坐而论道，不如起而行之。于是，在力所能及的范围内，我试图努力去做一些有益的事情。应该说，我多年的编辑职业也让我有条件、有能力、有经验去做一些学者所不能做或不愿做的事情。比如，在《中国社会科学》杂志社工作的时候，我曾组织过关于学术规范问题的讨论；鉴于书评多是吹捧阿谀之作，我建议《中国社会科学》取消了书评栏目。这些经历使我意识到，编辑这个工作特别重要，特别有意义。

　　不过，就我个人志趣而言，我依然钟情于学术。因此，这么多年来，我写的大多都是专业文章，我只是把编辑作为我的一份工作。后来有两个契机促使我越来越关注并撰写与编辑、期刊相关的文章，第一个契机是 2012 年原新闻出版署颁布《关于报刊编辑部体制改革的实施办法》，这个文件在新闻出版行业尤其在学术期刊界引起巨大反响，因为此文件规定所有学术期刊编辑部都必须在规定时间内完成"转企改制"的任务，也就是说这个文件砸了编辑的铁饭碗。我赞成期刊编辑部体制改革，但不赞成学术期刊完全面向市场的这种休克疗法式的改革，因为这种不切实际的改革方案不仅违背了学术期刊的发展规律，而且也不符合我们的国情。在此背景下，我与朱剑合作，一个月就撰写了《中国高校学报传统析论——以人文社会科学学报为中心》长文，此文对新闻出版署的改革方案提出了严厉的批评。这是我关于期刊研究的第一篇比较规范的文章，我也从此开始关注期刊研究。第二个契机是学术评价问题越来越成为学术界及相关管理部门关注的问题，因为这个问题过于复杂，以至于纯粹的学者和管理部门实际上都没有办法给出一个让大家满意的方案。而这个问题之所以复杂，是因为学术评价与出版和编辑的关系极为密切，因此在学术评价的各个环节中，出版与编辑是很重要很关键的环节，如果学术期刊和编辑不积极主动介入，则有关部门很难拿出一个让各方满意的答案。也正是在这个时候，我申请到教育部一个委托课题"学术期刊协同创新与人文社科科研评价体系构建"，从此我特别注意把学术期刊与学术评价结合起来思考，并陆陆续续把自己的想法写了出来。上述内容，也构成了这本小册子的主体。

目前中国学术期刊与学术评价存在的问题，是人文危机最直接最本质的表现之一。学术期刊是学术成果最主要的载体，学术评价问题在很大程度上实际就成为学术期刊评价问题，也就是说，要解决学术评价问题，首先必须解决学术期刊评价问题，二者成为一而二、二而一的问题。理解此点，也就理解了为什么近年学术期刊总是成为学术评价的焦点，为什么人们对所谓"核心期刊"或"来源期刊"那么关注。

我从事编辑工作三十余年，其中的甜酸苦辣，只有自己能够体会。尽管很苦很累，但我热爱这个这份职业，我从编辑工作中学习到了很多知识和经验，也认识了无数敬岗爱业的同事和朋友，这是我一生最可宝贵的财富。编辑工作之外，我也从未放弃科研，任何一点学术的发明和新资料的发现，都会让我感到无比的满足和自豪。到清华大学工作后，教学又成为我最重要的工作内容。编辑、科研与教学，虽然工作量巨大，压力也很大，但这样的经历却使我无形中有了更多的收获。我不敢说自己样样都懂，但对诸如学术期刊、学术评价、学术规范等诸如此类的问题，都有一些自己独特的体会和感受，却是真实的。

危机不可怕，关键是要找到解决危机的办法。也正因为如此，我拉拉杂杂写了一些大大小小的文章，希望能对相关问题的解决起到点点滴滴的作用。

目　录

量化评价扼杀人文学术

目前中国的学术评价机制不仅混乱，而且对学术研究的发展极为不利，对人文学科尤其不利。造成中国学术评价机制混乱的原因很多，其中之一是因为急功近利以及学术大跃进，使得科研行政管理部门过多干预学术，在学术管理上甚至是乱作为。社会上各种各样的大学排名、学科排名以及五花八门的课题申请及评奖活动等，更是将这种不合理的评价机制推向极致。另外一个非常重要的原因，是学术界包括期刊同行自身对学术评价漠不关心。很多学者尽管对目前的学术评价机制颇多微词，但又不愿花更多精力来关注，结果导致学术评价制度日趋混乱。即使有少数学者对学术评价机制提出一些批评，也大多不得要领。

这里，我可以拿人们知其然而不知其所以然的影响因子为例进行说明。

众所周知，影响因子（Impact Factor，IF），即某期刊前两年发表的论文被引用总次数，除以该期刊在前两年发表的论文总数。后来又有复合影响因子，这个概念是指，以期刊综合统计源文献、博硕士学位论文统计源文献、会议论文统计源文献为复合统计源文献计算，被评价期刊前两年发表的可被引文献在统计年的被引用总次数与该期刊在前两年内发表的可被引文献总量之比。

尽管影响因子这个概念的发明也就 40 年的时间（1975 年开始使用），但它的影响却非常惊人。可以毫不夸张地说，这个概念现已成为国际上通用的期刊评价指标，它不仅仅是一种测度期刊有用性和显示度的指标，而且甚至成为测度期刊的学术水平乃至论文学术质量的重要指标。所以，中国学术期刊光盘版电子杂志社索性以此为题，每年都出版《中国学术期刊影响因子年报》，且成为业界的一件大事。根据通常的理解，影响因子的主要影响在两个方面：它不仅是评价学术期刊的一个主要指标，而且也是评价论文的一个重要指标。也就是说，影响因子在学术评价方面几乎可以通吃了！

文献研究者最喜欢，也最重视影响因子数据，各评价机构几乎均将影响因子定为最重要的评价指标，有的评价机构甚至作为唯一的指标；科研管理者乃至学者不明就里，也往往喜欢以此作为学术评价的重要标准。如果方法正确，将影响因子作为学术评价的标准之一，其实完全是可以的；但如果方法不对，也就是说，如果在使用影响因子进行学术评价时不分学科，将影响因子作为普世的学术评价工具，那就大错特错了，因为不同学科之间论文的影响因子数据相差实在太大。对于专业期刊来说，不同学科专业期刊的影响因子差别巨大；对于综合性期刊来说，偏重人文与偏重社科的期刊之影响因子的差别也非常之大。

相关研究专家对人文社会科学各学科的引文特征实证分析后，发现人文学科与社会科学学科之间存在巨大差异，即使同样在人文学科，引文特征也存在极大差异。有学者采用自行研制的人文社会科学引文数据库的数据，分别统计了各学科的平均引文半衰期，测试出了各学科领域的最佳评价时段，其研究结果颇引人注意，见表 1。从表 1 可见，以历史、文学为代表的人文学科的引文半衰期在 10 年以上，而社会科学学科的引文半衰期都在 2.8—3.8 年之间，几乎相差 3 倍；当然，比较意外的是哲学学科，半衰期是 4.2 年，与我们的常识稍有差距。

表 1　各学科引文的平均半衰期

学科	半衰期（年）	学科	半衰期（年）
考古学	15.5	哲学	4.2
历史学	12.6	体育学	4
文学	10.1	社会学	3.7
艺术学	9.1	人口学	3.6
宗教学	8.6	法学	3.5
民族学	7.7	政治学	3.4
军事	7.7	统计学	3.3
人文地理	6.4	管理学	3.1
语言学	5.4	教育学	3
马克思主义	4.7	新闻学与传播学	2.8
心理学	4.4	图书馆学、情报学与文献学	2.8
		经济学	2.8

资料来源：任全娥：《基于文献引证关系的人文社会科学论文评价》，《大学图书馆学报》，2012 年第 3 期。

目前，已有很多学者对引文分析的局限性进行了研究，他们主要归纳为以下三条：第一，引文原因或动机的复杂性影响引文分析的客观性。大量事实表明，作者引用文献的目的不都是因为需要利用某些观点或资料，也可能出于其他非正常的动机；而这种出于非正常动机的引用，在引用文献与被引用文献之间就形成了"假联系"或"假相关"。比如以下方式：阿谀某人，自我吹嘘，相互吹捧，为支持自己的观点而片面引用，为维护某一学派或师承关系而非正常引用，迫于某种压力的引用，等等。第二，技术上的缺陷影响引文分析的正确度。首先，文献收集的不完全性会直接影响引文分析的结果，而事实上任何学科的文献分析都无法收集完全。其次，暗引现象同样会影响引文分析的正确性。所谓暗引，即文章引用其他论著的内容，却不注明出处。这种违反学术规范的现象在各学科的研究中比比皆是。第三，引证分析对研究有时会产生误导作用。由于国家、民族以及文化的差异，某些知识领域或内容可能并非人类所共享；如果过多强调或追求共同性，必然会脱离自己国家的具体实践。瑞典学者 A.Elzinga 指出，面向由核心期刊引用率决定的国际研究工作的前沿，"往往意味着面向像美国那样的核心国家"，"意味着像美国、英国和法国这样一些国家将逐渐占据支配地位。然而对较小的国家来说，适应最大共性可能意味着扩大研究与实践之间的鸿沟"。实际情形是，过多强调征引指标和共享，往往是后发国家的普遍现象。这种做法最恶劣的后果，是粗鲁地扼杀自己本民族的文化传统；越是历史悠久的国家，对本民族历史文化的伤害就越严重。

上文所说引文评价的三个局限性中，最后一条尤为关键。也就是说，从自然科学引发的学术评价工具，在运用到人文社会科学的时候，会发生严重的变异，具体运用时需要格外小心，否则，评价有失公允，就会损害正常的学术研究。

目前学术评价机制不仅使人文学科处于极其不利的处境，主要刊登人文学科学术论文的社科学术期刊也同样陷入困境。这里，我仍然主要以影响因子为例加以说明。

上文已经指出，不同学科论文之间的影响因子差距极大，这就造成刊发不同学科论文学术期刊影响因子的差别极大，人文学科与社会科学学科期刊的影响因子差别更大。比如《经济研究》与《历史研究》同是中国社会科学院的著名期刊，但根据中国知网 2014 年发布的影响因子年报统计，两本最著名的专业期刊，影响因子差别极大，《经济研究》复合影响因子达 9.831，而《历史研究》的复合影响因子只有 0.954，相差整整 10 倍。所谓经济学"帝国主义"，文史哲"第三世界"，在学术评价领域显露无遗。详见表 2。

表 2　专业期刊影响因子比较

期刊（社科）	复合影响因子	期刊（人文）	复合影响因子
经济研究	9.831	历史研究	0.954
中国法学	6.774	文学评论	0.697
法学研究	2.571	文艺理论研究	0.444
社会学研究	4.882	哲学研究	1.261
中国工业经济	4.693	中国经济史研究	0.356
中国农村经济	3.665	近代史研究	0.953
平均	5.403	平均	0.778

资料来源：CNKI 2014 年公开数据，http://www.cnki.net/

在综合性期刊中，除《中国社会科学》为 5.596 外，绝大多数综合性期刊如果能超过 1，已经是很高的数字了。就学报而言，《浙江大学学报》和《中国人民大学学报》最高，《复旦学报》为 1.094，《文史哲》则只有 0.646。可是我们并不能以此判断后两家学报比前两家学术水平低，为什么？道理很简单，是学科文章分布造成的。前两个学报侧重社会科学学科的文章，尤其是经济学、社会学等学科文章；而后两个学报侧重人文学科，尤其是文史学科的文章。这种学科分布造成了影响因子的巨大差异。见表 3。

表 3　综合性期刊影响因子比较

期刊（社科）	复合影响因子	期刊（人文）	复合影响因子
学术月刊	0.928	北京大学学报	1.054
社会科学战线	0.462	清华大学学报	1.277
学术界	0.536	南京大学学报	1.334
天津社会科学	0.820	复旦学报	1.094
江苏社会科学	0.853	文史哲	0.646
福建论坛	0.620	中国人民大学学报	1.883
社会科学辑刊	0.492	浙江大学学报	1.802
平均	0.673	平均	1.299

资料来源：CNKI 2014 年公开数据，http://www.cnki.net/

因此，仅仅或主要依靠影响因子数据评价期刊，不仅是极不科学的，而且会对人文社科期刊造成严重的负面影响。这种评价标准没有考虑到学科之间的差异。人文学科有自己特殊的研究规范，以历史学科为例，实证性历史学文章多是径直爬梳史料，在经过考证辨析后得出结论，此类文章较少引证现当代人的论著。这是历史学研究的重要特点之一，当然，这既是历史学研究的优长之处，也是历史学研究的短板之处。说它有优长之处，是因为历史学者习惯直接从原始材料入手，尤其注重第一手的材料，这是历史学科不同于任何其他学科的重要特点。可是，这种研究方法同样有不足之处，这说明历史研究学者比较容易忽视同行的相关研究，不仅对同行的尊重不够，而且容易形成重复性研究。我主张，历史学者在注重原始材料的同时，应该尽量汲取其他学科尤其是社会科学学科的做法，即不仅应该很好总结前人的研究成果，而且还应尽可能多的引用别人已有的研究成果，避免重复性劳动。当然，历史学的学科特性以及研究方法，使该学科论文在被引方面永远不可能同经济学相提并论。

鉴于此，不同学科论著的学术水平，不宜都拿影响因子作为评价标准，更不宜将不同学科的论文进行影响因子的比较。如果要进行比较，只能在同一学科内，甚至要在二级三级学科层次上进行比较。学术期刊同样如此，不同学科的专业学术期刊不能用影响因子进行比较；综合性期刊的发文差异很大，也很难用影响因子来比较。上面所举例证，足以说明问题。

袁培国先生对滥用影响因子提出批评，他说："把针对以英文为主、期刊类别与其刊载论文类别相对一致的科技期刊的期刊影响因子原封不动地运用于大多是一种期刊刊载多学科论文的中文人文社会科学期刊，在现实中便带来了新的问题，而科研管理使用的简单化、绝对化和误用更加剧这些问题的复杂性和严重性。"（《中文文科期刊影响因子评价作用之反思》，南京：《南京大学学报》，2011 年第 3 期）可见，学术评价机制不合理有很多复杂的因素，需要我们做更深一步的研究。

在人文社会科学学术评价，尤其是职称评定中，代表作制度是一个相对不错的制度设计，得到学者较为普遍的认同，因为代表作制度激励学者做高水准的研究成果，而不鼓励急功近利、单纯追求成果的绝对数量。多年来中国社会科学院执行这项学术评价制度比较好，为广大学术界所认可；但可惜的是，自该院设立了创新工程后，便逐渐放弃这套学术评价体系。如今该院的某些功利性做法，甚至超过国内某些高校，比如现在学术成果评定要看刊物级别，要拼数量，相关的评价机构也要对国内学术期刊进行分级。前后比较，社科院的这种做法是一种倒退，令人惋惜。

学术评价出现上述重数量轻质量的现象，有很多原因，其中有两个原因特别重要：一是同行专家或学术共同体作用发挥不充分，此点下文将有阐发；二是评价机构的作用日益膨胀，正是因为在评价机构的推波助澜之下，导致学术评价的异化现象越来越严重。更为明确地说，学术评价机构是形式评价尤其是量化评价的推手，量化评价体系是一种貌似科学而实则粗暴的人文社会科学评价机制，对人文社会科学的发展会造成深重的伤害。

如何客观评价CSSCI

目前被学术界期刊界普遍关注的期刊评价指标，大约就是"中文社会科学引文索引"（CSSCI）来源期刊（俗称"C刊"或"南大核心"）、"中文核心期刊目录"（俗称"北大核心"）和"中国人文社会科学核心期刊要览"（俗称"社科院核心"）。三家都可以说是某种期刊排名榜，但后两家公布结果时，学术界、期刊界的反应总体平静，而C刊目录发布却每每一石激起千层浪，甚至遭到媒体热炒。这正说明C刊在我国学术评价及期刊评价中地位举足轻重。

此次C刊目录公布后，果然又引发一场不大不小的风波。一些原来比较著名的期刊降格为扩展版，一些原来不太知名的期刊进入了正版，引来惊讶连连；一些学者、主编提出C刊选刊机制不利于人文学科，某些期刊存在互引假引等"潜规则"；更有学者主张取消C刊。对C刊有不同的看法很正常，对于它，我们简要地提出以下几点看法。

一、误读与异化

CSSCI只是一个引文数据库，将其视为学术期刊核心期刊目录、排行榜、评价工具，是外界的误读和异化，内中原因值得深思。

　　首先我们应该明确一个事实：CSSCI 是基于学者的引用行为和引文著录内容研发的一个引文数据库，其基本功能是检索工具，而不是评价工具，更不是期刊排行榜。只有 CSSCI 来源期刊，并不存在所谓的"南大核心"，称之为"核心"本身就是一种误读。

　　确定来源期刊目录是为 CSSCI 引文数据库选择适当的数据源，它的标准除了政治标准、规范标准外，只能是引文数据。从目前来看，总被引频次和他引影响因子这两个指标能够较为全面地反映各学科期刊的影响力。但同时也要清楚，基于引用的文献计量指标只是用来遴选来源期刊，不能直接用于期刊评价。如果说 CSSCI 与评价有何关系，那只是因为它为内容评价提供了辅助的数据工具。尽管实践证明，引文统计与定性评价结果具有较高的相关性，但这也只能说明引文索引是一种有效的工具，而真正意义上的学术评价，尤其是对创新性等学术价值的判断，只能依靠基于内容的定性评价。对期刊进行评价，需要根据评价目的选择运用 CSSCI 数据库或其他学术引文数据，进行引文分析和同行专家评议，而不是直接用被引频次和影响因子数值等量化指标。

　　然而，"树欲静而风不止"。目前的实际情况是，C 刊目录被视为核心期刊、排行榜或评价工具，其为检索而依据某些量化指标设立的数据源被视为期刊质量的标准。当下学术体制中，学术资源为行政权力所控制和管理，难免在一定程度上出现行政权力凌驾于学术的现象，而行政权力的所有作为都离不开评价，这就使得似乎天然具备的"公正性"的量化指标受到了特别重视。正因为 CSSCI 的引文数据库之于学术研究的价值得到了比较普遍的公认，所以有越来越多的学术机构直接将 C 刊目录作为学术评价及期刊评价的依据。这就形成了用引文数据来衡量刊物，再用刊物来衡量文章，然后以文章数量来衡量学者水平的奇特逻辑链条，在 C 刊发文也就成了学者们头上的光环或者枷锁。于是，不管主观意愿如何，CSSCI 已经被体制的力量推上神坛，赫然成为一种权威的学术评价，同时也为千夫所指。很显然，C 刊被异化成为学术评价的标准，其根源在于学术体制，对 C 刊和 CSSCI 的指责并不能解决现实中的评价问题。

二、呼唤建设性批判

既然对期刊评价与学术评价的需求客观存在，我们不如少来些于事无补的"打嘴炮"，多做些建设性批判，让相关机构尽量做得更好。

期刊评价目前在中国如火如荼，不仅主管部门和行业协会积极运作，商业机构和多家高校及科研机构也投入大量人力物力来参与。无论我们赞成或排斥，期刊评价与学术评价都如影随形，难以摆脱，甚至已经成为学术活动的一个重要组成部分，其根源恰恰在学术体制。因此，在可以预见的将来，对期刊评价与学术评价的需求都是客观存在，评价机构及其产品也将长期存在下去。我们与其意气用事，倒不如努力促进学术体制特别是评价机制的改革，其中之一就是在对评价机构进行批评的同时，也要从正面提建设性的意见，让他们尽量做得更好。

几年前，我们曾对所有学术评价机构提出过严厉批评，包括 CSSCI。今天，对于它们的不足，我们仍然应坚持批评，同时也要看到它们的改进，这也是我们批评的意义所在。从到目前为止各学术评价机构所做工作来看，唯有 CSSCI 是一个开放而标准的引文数据库，不仅对学术研究有着不可替代的作用，亦可为同行评议提供数据分析的客观工具，这是其他以排行榜为唯一产品的评价机构所无法相提并论的。

对 CSSCI 的所有批评主要集中在对来源期刊即所谓 C 刊的遴选。迄今为止，CSSCI 已经进行过 10 次来源期刊遴选，除第一次是采用了千位教授投票选刊的方式之外，都是依据引文数据进行。除政治标准和规范要求之外，主要使用总被引频次和他引影响因子两个指标，指标权重为 2：8，均在期刊学科分类中进行数据排序。20 年来，这一排序依据为各界基本接受，并未有人提出过强烈异议和可操作的替代性方案。此外，CSSCI 评价中心近年来的改进有目共睹，比如，增加了二级学科期刊的分类，加强了对异常数据的剔除等等。当然，它们做得并非已尽善尽美，改进仍然是必需的。然而，如果我们真的把 CSSCI 灭了，学术评价是会更好还是更差？答案自在人心。

三、在争议的背后

新版来源期刊公示后，在网络媒体和自媒体上引起比较强烈关注和争议的大约有四五家期刊，共同点是：曾经长期是CSSCI来源期刊，但在此轮遴选中收录位置发生了变化。

整体来看，CSSCI目前收录的来源期刊总量在550种左右，约占国内学术期刊总量的20%。近年来的历次遴选，来源期刊变动的比例大体都在7%上下，可以看出CSSCI的引文数据分布和来源期刊结构都较为稳定。此次遴选，期刊变动并未超出这一范围，何以引出所谓的"争议"呢？背后的缘由值得我们认真探究。

首先，CSSCI正版加扩展版，总量750种左右，而此次引起争议的期刊，比例只有1%左右！ 99：1说明什么？不正说明学术界、期刊界对大约99%的遴选期刊没有意见，引起争议的期刊比例虽微乎其微吗？所以，不能因为有少数期刊有意见就全盘否定此次的遴选工作，乃至否定所有的来源期刊。期刊数据有变化，数据库的目录就随之变化，某些期刊进进出出是正常的现象。有人欢喜有人愁，争议在所难免，但用历史的眼光分析数据，作为多年的观察者，我们的感受是，争议的声音在逐渐降低。

其次，在CSSCI共25类来源期刊中，引起"争议"的期刊都集中在"高校综合学报"这一类，争议主要因为四五家著名高校的期刊或学报落选、四五家不太著名高校的期刊或学报入选而引起。事实上，只有同一学科的期刊才有比较的价值，因为不同学科因引文习惯不同会导致引文数据的巨大差异，一般来说，人文学科较之社会科学引文数据量会低很多，故不能进行简单比较。而高校综合学报恰恰是多学科的"拼盘"，在这样的多学科综合性学报中遴选来源期刊是件非常困难的工作。此次最激烈的批评之一就是，C刊的遴选会"扼杀人文学术"，这也是笔者一贯的观点。当然，这个观点只针对综合性期刊，专业期刊一般不存在这一问题。事实上，也确实存在某些高校学报偏重社会科学而在评刊中"获利"的现象。但我们应看到，在这次选刊过程中，CSSCI吸纳了包括笔者在内的批评，已采取了一些措施来避免因学科比重不同导致的结果偏差。例如，将高校综合学报分成两类，即"综合性学报"和"社会科学学报"，将偏重社科的学报单独列出。但具体到某个综合性学报，学科差异对引文数据造成的影响很难根本消除。需要指出的是，高校综合性学报学科边界不清不仅导致评价的困难，更使其失去了固定的读者群，许多人平时根本不看学报，只看衣冠不看人，仅凭主办单位的实力来判断学报质量的高下，一旦他们看到某些名校学报在C刊中的掉落，即出言指责选刊的不公平，而无视近年来诸多中小学校学报人在提高办刊质量方面的努力。在今天这样技术革命、竞争激烈的办刊环境中，办刊犹如逆水行舟，不进则退，某些墨守成规、固步自封的学报，纵然是名校主办、名家主编，被他刊超越，是件再正常不过的事了。

再次，此次遴选公示后出现另一种激烈的批评声音，是期刊通过数据造假跻身于C刊行列。应该说，这一指责并非全无道理，近年来，的确有些期刊为了挤进C刊，而采取不正当的手段，比如互引、假引、单位自引、花钱买引用等等。但是，我们不能将极少数期刊的不当行为扩大化为整个期刊界的"潜规则"。须知，大量质量上乘的期刊并不存在这样的行为，不能一竿子打翻一船人。数据造假主要通过虚增引文来实现，非期刊能独立完成，需要作者的配合，正直的作者不会容忍这样的行为，而多数期刊人也不屑于这种行为。我们应该看到，这种所谓"潜规则"正在受到学术界和期刊界的强烈指责。比如，在高校学报研究会近两届的期刊评优活动中，对数据造假的期刊实行一票否决，就有效地遏制了学报界的数据造假行为。我们也想告知期刊同行，既要督促评价机构确保数据的质量，也要把精力放在想办法、下决心办好自己的期刊上面。好杂志是撸起袖子干出来的，没必要眼睛总盯着别人的碗。

不正当的期刊引用行为成因复杂，当然不能简单地归咎于 CSSCI，但 CSSCI 应该采取更有力的措施来保证数据质量。CSSCI 是一个引文数据库，引文数据的质量是数据库得以发挥作用的基础，数据造假行为不仅损害学术，最终也会损害 CSSCI 的质量。因此，将虚假数据清除出数据库，将其制造者逐出来源期刊，CSSCI 责无旁贷。只要造假，就必然会留下蛛丝马迹，通过技术手段对数据进行分析，辅之以专家的协助，CSSCI 完全有能力甄别绝大部分的数据造假行为。我们很高兴地看到，CSSCI 正在这样做。据笔者所知，早在上一次来源期刊遴选时，CSSCI 就对存在某些"异常数据"的期刊发出信函，要求其对异常数据作出澄清，而在此次期刊遴选中，CSSCI 同样进行了甄别，对个别期刊采取了严厉措施，甚至直接将这些期刊排除在遴选名单之外。希望 CSSCI 进一步明确规则，在杜绝数据造假方面，发挥技术的作用，尽到应尽的责任。

此次 C 刊目录公示后引发的争议事件，让我们更加清晰地认识到，CSSCI 的本质是一种可以用于评价的客观数据，其合法性和公信力都来源于此，关于 C 刊的种种争议，很大程度上来源于人们对 CSSCI 的无知和误解。对 C 刊或学术评价机构进行评论和批评，是我们的自由和权利，但在评论和批评之前，我们务必要做点功课，先了解学术评价、了解学术期刊，不要人云亦云或信口开河；否则，那不仅会暴露我们的局限性，也会对学术评价乃至中国学术事业造成伤害。

四、本土化与国际化

为让 CSSCI 做得更好，建议 CSSCI 评价中心今后应在本土化和国际化两个向度上进行自我调整和优化，进而对中国学术生态产生更多正面的影响。

一方面，尽管 CSSCI 的原理来源于 SCI，是一种美国的舶来品，但其具体规则应当根据中国本土的需求进一步调整和优化。具体而言，就是尊重学科发展和期刊发展规律，不断改进计量方式，使之更加贴近中国学术期刊的实际，真实反映出不同类型、不同学科学术期刊的学术影响力和办刊水平。特别是针对中国特有的大量综合性学术期刊，应设法研制更科学更合理的计量规则。逐渐淡化"大一统"的来源期刊目录，更多地推出不同类型、不同层次、不同标准的多元化的引文索引产品。唯其如此，CSSCI 才能在学科体系建设和学术规范建设上起到积极和正向的引导作用，关于 CSSCI 的种种争议自然也会随之减少。

另一方面，尽管 CSSCI 是中国本土开发的引文数据库，但不应把眼界局限于中国内地，而要有国际视野和更宽广的胸怀，尽早将来源期刊遴选范围扩展到港澳台及海外。由于种种原因，迄今为止，CSSCI 不但没有收录海外华文期刊，对港澳台地区的期刊也未正式收录，这不能不说是 CSSCI 的一大遗憾。众所周知，在"SCI／SSCI"崇拜的驱使下，中国科技论文早已出现了大规模外流，虽然在人文社会科学领域形势暂时还没有那么严峻，但优质稿源外流的趋势也已日趋明显。不收录港澳台及海外华文期刊，一方面会失去一批已经得到学界公认的高水平来源刊，减损 CSSCI 的国际认可度和作为"中文"社会科学引文索引的权威性；另一方面也使内地学者与港澳台及海外华文期刊之间彼此疏离，迫使部分高质量论文流向顶着 SSCI 或 A&HCI 光环的期刊。这对于中国学术界、华文期刊界和 CSSCI 而言，是一个"多输"的局面。值得注意的是，在 CSSCI 官网的"产品中心"里，已经可以看到"中文社会科学引文索引"（港澳台及海外版）的设置，尽管目前其内容还是空白；此外，在"学术出版"栏目中有"港澳台及海外华文"一类，收录了 32 家港澳台期刊及加拿大、新加坡、韩国等主办的海外期刊。这说明，CSSCI 已经意识到港澳台及海外华文期刊这一片蓝海的独特价值。如今的 CSSCI，已经具备了走出去的基础，应当抓住稍纵即逝的时机努力实现国际化。至于在来源期刊国际化过程中可能遇到的一些问题，比如来源刊的政治标准的把握，完全可以在确定来源期刊和数据入库时加强筛选和审读等方式来实现。中国的学术界和期刊人应该有这种学术自信。

若 CSSCI 能更好地适应本土，同时突破束缚实现国际化，就完全有可能发展成为华文世界中最有影响力的期刊引文数据库，乃至世界上最知名的数据库之一，这对于在国际上加强中国学术话语权、提升中文学术期刊地位都大有裨益。

（此文与桑海合写）

大学评价、学术评价与期刊评价

　　大学评价、学术评价与学术期刊评价三者之间有非常密切的内在逻辑关联。近年来学术界关于上述三个问题的讨论非常热烈，但将三个问题放在一起讨论，具有重要意义。大学评价离不开学术评价，学术评价离不开期刊评价，因为期刊评价直接关联论文评价，因此客观上期刊评价就成了学术评价的基础，是关系大学评价的一个非常重要的因素。无论单独考察其中的任何一个方面，如果不同其他两个方面联系起来考察，都很难得到深入而全面的认识。

一、大学评价与学术评价

　　某著名 985 大学校长在百年校庆之际，颇为犹豫地考虑要不要宣布已经建成世界一流大学的问题。对这位校长来说，这是一个非常严肃的问题。后来可能听取了某些专家意见，并没有宣布他执掌的大学为世界一流大学，而是对外宣布正在朝一流大学迈进。据说，当时校长对此颇为可惜。这听起来好像是个笑话，但我心里却很沉重。因为这件事表明，我们不仅对一流大学的认识如雾里看花，而且对学术评价缺乏起码的理性认知。我认为这是最深层的理由。

在目前的中国，大学评价始终是一个十分沉重的话题。可是，对这个问题，即对于什么是世界一流大学，一流大学的标准是什么，一流大学应具备什么样的特质和影响力，世界一流大学有怎样的特点，等等，这些问题在我们国家，无论主管官员，还是学者专家，都缺乏深入的思考、反思。在中国社会经济飞速发展的21世纪初期，我们不难感觉到整个社会都弥漫在成功、发展与冒险的氛围之中，人们不仅充满了激情、渴望，而且自信心十足，甚至深信自己可以无所不能。比如根据某种比较奇特的算法，中国的GDP可能已经世界第一；谦虚一点，至少也是世界第二。照此推算，中国的大学也应该离世界第一差不多了吧？所以，那位985学校校长的推理也是有根据有背景的。

改革开放以来中国社会经济的巨大发展令人瞩目，这一点的确是无可置疑的。但是，局部的发展遮蔽了一些致命的问题。具体到大学来讲，大学的剧烈扩张导致办学规模膨胀，可是教学质量是否同步提高让人生疑，比如多所著名大学在大幅扩招后，社会声誉学术声誉都大大下降；更为致命的，本来随着市场经济的发展，大学的国际化水平应该大大提升，可是我们看到的却是截然相反的事实，大学的行政化倾向愈发严重。从某种程度上甚至可以说，在某些方面，我们的大学距离国际一流不是越来越近了，而是越来越远了。那位校长的冲动，第一说明他不懂什么是世界一流大学，第二说明他不懂学术评价。

关于大学评价，关于什么是世界一流大学，世界一流大学的具体标准是什么，等等，有很多教育专家研究，也有很多大学排名，大家容易了解。可是关于学术评价，则要复杂很多。

我之所以在本文开头就提大学评价，是因为学术评价同大学评价密切相关，甚至可以说，正是因为大学的制度性设计，以及大学评价的辐射，对学术评价产生了极大的影响和扭曲。而学术评价的扭曲，反过来又大大制约了大学的发展。因此，研究目前中国的学术评价问题，必然要涉及中国的大学评价和大学制度问题，这是此前研究学术评价问题的学者所较少注意和研究的。

浙江大学原校长杨卫在接受《大学周刊》访问时曾说："以美国大学为例，它们是三流学校数论文篇数，二流学校数论文的影响因子，一流学校不对论文发表提要求，而顶尖的大学非常强调教学。"此话虽然比较尖锐，但大致不错。对照我国的大学，不难发现我们的大学处于哪个层次。

二、学术评价在中国的实际运作状况

目前学术评价在中国高校及科研院所并没有一定之规，甚至被大家批评为一片混乱，但从中也可以发现一些规律，简单归纳为以下三点：

第一点，各大学及科研院所都有自己规定的一套学术评价规则。这本来是一种正常现象，因为办学及科研水平存在巨大差异，因此不可能在所有高校及科研院所执行同一标准，但在中国，学术评价出现了许多奇葩现象。比如，自以为已经进入世界一流的某大学，制定了如下奖励制度：国内任何期刊发表的论文概不奖励，只奖励在 SCI\SSCI 以及 SSCI\AHCI 上发表的论文，高额奖励在 Nature\Science 上的论文；其他的大多数 985 高校，大多只奖励在中国社会科学院相关期刊以及 CSSCI 上发表的论文，奖励额度相差很大；地方高校奖励政策更是五花八门，有的高校高额奖励在《中国社会科学》以及中国社会科学院的一些专业学术期刊；有的高校则高额奖励在《人民日报》《光明日报》以及《求是》上发表的论文，某些 985 高校甚至还有这样的政策：一篇《人民日报》的文章，相当于 3 篇 C 刊论文；有的高校甚至还将中央或省部级领导的批示作为学术评价指标，而目前随着所谓智库的大量设立，此项标准将被强化；最奇葩的是，在中央电视台或省电视台上发表高论，也算学术成果。很显然，上述奖励规则或评价制度的标准各式各样，但有一点，即都没有将学术水平和学术质量作为第一标准，这些奖励导向使中国的学术研究步入歧途。

第二点，各种评价机构的影响呈越来越大之态势，尤其是几大核心及来源刊机构的数据，成为各大专院校制定学术评价的基本依据。目前中国有如此之多的学术评价主体，而且这些部门还大张旗鼓地命名为学术评价机构，在国际上都是很少见的现象。造成这种情况的原因很复杂，简单分析：一因有需求，有市场，各种评价机构尽管水平参差不齐，有的水平非常之低，但在目前行政主导的科研管理机制之下，他们基本都能蒙混；二因做学术评价有利可图，即使这些机构毫无从事学术评价的实力，但只有一挂上学术评价的牌子，则立即门庭若市。因此，近几年社会上陆续冒出许多新的评价机构，竞相招惹大家的注意。尽管这些机构也时常遭到学术界的批评，但其扩张之势似乎并未受到影响；三因在民族主义情结之下，在学术上仍处于第三世界的中国，不甘心为国外学术评价所牵制，急切希望建立中国自己的学术评价体系，这在客观上也鼓励了各种学术评价机构大肆扩张自己的地盘。

第三点，很多学者对目前中国的学术评价规则提出批评，并提出各种建议。但是总的来看，学者的声音也就在学术界、期刊界打转转而已，基本不会产生作用，因为评价规则不是学者制定的，学者也没有权力来制定，所以没有必要多言。

这里我想就教育部与学术评价的关系，做一点辨析。教育部并没有制定过具体的学术评价标准，标准都是各大学及各科研院所自己规定的。大家产生"学术评价由教育部制定"这样的误会，可能有两个原因，一是教育部曾经有一个项目委托南京大学来做，后来这个项目不幸成为学术评价的一个标准；二是教育部在项目验收时，可能有某种比较具体的标准，比如规定在哪类期刊上发文等等，并不能认为是教育部制定了具体的学术标准，但不能否认，大概正是因为这样的标准，被大家当作学术评价的标准。

三、目前中国学术评价制度的特征及危害

中国目前五花八门的学术评价制度，可以概括为以下三个特征：

其一，学术评价的工具理性。高校科研管理部门主导学术评价的标准，这既造成了行政对学术的无端干预，又在客观上

鼓励了学术评价机构的妄为。评价机构与科研管理部门的"合谋"，使学术期刊的生存处境更加艰难，其"合谋"证据是：评价机构尽其所能讨好行政管理部门，而管理部门也往往不分青红皂白采信评价机构的数据和结果。因此，所谓教授治校，在中国永远只是画饼，甚至形成相反的情况，即不是教授治校，而是校治教授，其手段就是通过学术评价来控制和约束教授。

其二，学术评价的学科帝国主义倾向。从自然科学移植而来的学术评价标准，套用到人文社会科学领域，对人文社会科学造成了极大的伤害，对人文学科的伤害尤其大。也就是说，以项目制为中心、以刊物或出版社级别为标准、以数量化为标志的评价体系，尤其是各评价机构以影响因子等指标为学术期刊主要评价标准，对人文学科的伤害远比对社会科学大。

其三，学术评价的政治和"御用"导向。上述某高校将在党报发表文章以及将领导批示作为重要科研成果奖励的举措，可谓学术评价政治导向的一种典型表现；而时下所谓智库以及对上级文件论证的文章，则是典型的学术评价御用导向。目前这种学术导向，似乎越来越严重，相关职能部门也在鼓励这种导向，比如重大课题设计中，此种导向的课题不仅数量很多、支持力度大，而且容易申请。可事实上，这种非学术评价导向不仅助长各种各样的机会主义、投机主义，而且会严重危害学术风气，危害学术的真正进步，造成学术的虚假繁荣景象。

上述学术评价的种种倾向说明，我们尚未找到朝世界一流大学迈进的路径，二流大学的水平也还没有够着。这一点同我国社会经济发展水平颇为相似。如果要对中国目前的社会经济发展做一评估的话，我想是不是可以这样概括：我们刚刚从第三世界走出，一只脚迈进了第二世界的门槛，可是，有人却自我感觉特好，自以为到了第一世界，可以同美国平起平坐了。这可是一个致命的错觉！

现行学术评价机制，不仅严重败坏了学术风气，制约了我国学术研究的发展和创新，而且已经影响到学术生态平衡。以期刊为例，在及格线上下的期刊，屡屡出现造假违规行为；新刊难以立足和生存；人文学科学术期刊在现行期刊评价体制中受到了严重不公正待遇；等等。因此，我们迫切希望改进现有的评价体系，更期待新的评价体系的产生。

四、期刊评价是学术评价中最重要最基础的一环

学术评价可能有许多个逻辑链条，其中一个就是：大学评价离不开学术评价，学术评价离不开论文评价，论文评价离不开期刊评价。因此，期刊评价是大学评价与学术评价中的关键一环。我们不难看到，以期刊分级作为考核与奖励的标准，就是目前各大学通行的做法。为何如此？学术评价千变万化，最终都不开对学者具体研究成果的评价。对文科学者来说，最重要的标志性成果就是论著，即论文和专著。至于专著，由于众所周知的原因，近年来出版实在太滥，实施评价比较困难，我们不予评论（最简单的做法是对出版社分级）。比较而言，论文是学者最重要的成果形式，而期刊是论文的主要载体，因此学术期刊在学术评价中处于核心位置，并成为大家瞩目的中心，

就是合情合理的了。

关于期刊评价，近几年已经成为学术界的一大热点。作为学术评价的关键环节，期刊评价不仅关乎学术评价机制问题，还关乎学术期刊的发展和命运问题。因此，除部分学者关注以外，期刊人尤其重视学术期刊的评价问题，并形成了研究学术评价与期刊评价的一股热潮。但是，总的来看，目前学术期刊处在多种不利环境之中，可以说生存环境非常恶劣，不容乐观。

首先是体制改革的压力。从大环境看，尽管市场化改革的压力暂时释放，但传统学术期刊体制的痼疾，我们必须要有充分的认识。在传统体制之下，学术期刊虽然目前无衣食之忧，但从根本上看的确是没有发展前景的，综合性学术期刊尤其是学报，更是没有出路的。说一句极端的话，在市场大潮和数字化趋势面前，传统学术期刊，尤其是综合性学术期刊，难以找到生存的空间。从小环境看，问题也是依然存在。从2014年开始，高校开始综合改革，在改革大盘子中，我们很难找到学术期刊的位置；也就是说，在将要全面推开的高校改革大潮中，即使在高校内部，也没有给学报以及高校的其他学术期刊留下适当的生存空间。

其次，期刊评价机构对学术期刊的影响越来越大，在某种程度上已经严重干扰了办刊。我认为期刊评价机构的功过大致可以三七开。其功是客观上促进了学术期刊努力提高学术质量，以提高自己的相关数据，而期刊也可以根据评价机构的数据调整自己的办刊策略。但是，综合来看，期刊评价存在的问题更多。举例如下：第一，多数评价机构热衷于发布排行榜，故意制造轰动效应，以扩大自己的学术影响和社会影响；第二，期刊评价从业者大多是图书情报研究人员，没有学科背景，评价报告缺乏内涵性的学术论证和阐述，基本属于外行评价；第三，期刊评价影响学术生态，不仅对办刊，而且对学术研究都形成了严重干扰，最典型的就是以影响因子为评价基本依据的评价标准，对人文学科的学术论文极不公平，对以发表以人文学科学术论文为主的期刊更不公平；第四，评价机构与科研管理部门的"合谋"，恶化了学术期刊的生存环境，强化了学术管理的行政干预色彩，也导致大学管理的行政化愈发严重。

再次，期刊结构的不合理，成为中国期刊发展的一大瓶颈。目前中国的综合性学术期刊占了期刊的大半壁江山，专业期刊数量相对较少，这种期刊结构既影响了期刊水平的提高，也成为中国期刊国际化的一大障碍。同时，不合理的期刊结构既难以赢得学者的认可，也对期刊评价带来一定的困扰。因此，在我们呼吁改革学术评价制度的同时，也必须对目前中国期刊现状有清醒的认识，对我们自己有清醒的认识。

关于大学评价、学术评价与期刊评价的复杂关系，不是这篇短文所能解决的问题。但我们希望通过研究和讨论，促进对这些问题的认识，并进而促进中国大学水平的提高，改进不合理的学术评价机制。在这个复杂的关系中，期刊处在这生态链的最底端，处境也最为艰难，综合性期刊尤其艰难。为此，我们必须深入思考，怎样使中国期刊摆脱困境，怎样使中国的学术评价走上正轨。我认为，中国目前学术共同体的缺位是一个非常重要的原因。只有在学术共同体主导大学评价、学术评价与期刊评价的情况下，中国才能建立健康、公正而有效的学术评价机制。

学术共同体是建立公平公正学术评价的基石

　　近年学术界之所以如此关注学术评价问题，是因为学者们内心有很多渴望：渴望真正的学术研究和学术创新能够得到肯定，渴望学术诚信的回归。但现实总给我们泼冷水，现行学术评价制度不仅不能满足以上要求和愿望，反而引发很多的学风问题。这也逼迫我们深入思考一些问题，寻求更好的学术评价路径。针对这种状况，2011 年 11 月 7 日，教育部下发《关于进一步改进高等学校哲学社会科学研究评价的意见》，提出进一步改进哲学社会科学研究评价，以促进高等学校哲学社会科学健康发展。其中特别指出，要正确认识 SCI、SSCI、CSSCI 等引文数据在科研评价中的作用，避免绝对化；《意见》要求确立质量第一的评价导向，要求加强评价制度建设，其中第三条指出："建立开放评价机制。基础研究以同行评价为主，大力加强国际同行评价。"应该说，这个导向是很好的，这个文件的制订是有意义的，值得肯定。

　　从操作过程看，人文社会科学评价可能主要是一个主观的评价，因为学术研究成果水平的高低全由同行来裁定；但是，从结果和社会影响看，它又应该是一个客观的评价，即由同行做出的学术评价能够得到学术界的普遍认可。真正好的学术评价，实际上就是这种主观与客观的完美统一、公平公正的完美体现。

　　说到学术评价要公平公正，就牵涉出一个大问题：进行学术评价的主体怎样认定？现在学术界应该已经形成基本共识，即学术评价应该由学术权威在内的学术共同体承担，这是最为可行的路径，也是最科学的做法。目前国内几大被学术界基本公认的奖项，如"思勉原创奖""汉语人文学术写作终身成就奖"等，就是因为初步尝试发挥学术权威和学术共同体的作用，基本做到了公平、公正和公开，因此在某种程度上得到了学术界的认可。

　　以"思勉原创奖"为例，该奖评审尽量发挥了"学术共同体"的作用，坚持全过程实名制评审。在评审会之前，主办方首先从国务院学科评议组成员、教育部社科委员等专家名单中邀请21位文史哲专家学者，推荐21部作品并撰写推荐意见；随后，每项参评作品由全国范围内随机邀请的100名同学科学者实名填写问卷，问卷内容包括"对本科研成果的了解情况""该成果研究工作在理论上的突破程度""该成果出版发表后的社会影响"等问题，以此调查该成果在同行中的知名度和认可度；此外，还对参评作品进行了通讯评审，由5位同学科专家分别审读并给出独立评判，反映该成果在专家心目中的创新程度。评审专家在参考此前推荐专家意见、同行学者问卷测评结果及通讯评审专家意见的基础上，审读原著，并独立评判给分，按照得分高低排名产生获奖提名作品，提名作品经评审委员会实名投票产生，经公示无异议后在颁奖仪式上正式授奖。

　　"汉语人文学术写作终身成就奖"的做法，同样也为人称道。

首届"汉语人文学术写作终身成就奖"的获得者是清华大学的李学勤先生，此奖于 2013 年 7 月在著名哲学家贺麟故乡四川金堂县颁发。下面是该评奖委员会 2006 年公布的首届评选流程：

1. 本研究所网站上获得投票且得票数为本学科第一、第二名的学者直接获得提名。

2. 未能在本研究所网站上获得提名的学者，可以由汉语人文学术界相关专业领域内 10 位专家（有本专业博士学位或讲师以上专业职称）联名推荐获得提名。

3. 截至 2012 年 6 月 30 日，获得本学科 10 名以上专家联名提名及在本研究所网站上获投票且得票数为本学科第一、第二名的学者，均为本次汉语人文学术写作终身成就奖候选人。

4. 本研究所将在 2012 年 7 月 5 日前公布所有候选人名单及候选人学术简介，公示并接受学界质询 30 日。

5. 公示完毕后，本研究所将把候选人代表作提交给四川大学哲学研究所 20 人学术评议委员会各位委员。20 人学术评议委员会委员进行投票表决。20 人学术评议委员会委员每人对每个学科的候选人有一票投票权。

6. 20 人学术评议委员会委员分别以书面形式陈述投票理由，交由本研究所存档，并在本研究所网站上公示。

7. 在 20 人学术评议委员会评议结果中得票第一且得票数不低于总票数 60% 者，获得本次汉语人文学术写作终身成就奖。如得票数第一者总票数低于 60%，则本次终身成就奖空缺，奖金自动转入下一次评选。如出现并列得票第一，且在本学科得票总数不低于 60% 的情况，则并列得票第一者均为本届汉语人文学术终身成就奖获奖者，获奖者将分享奖金。

8. 本研究所将在 2012 年 12 月 31 日前公布评选结果并安排颁奖事宜。

这个流程可以说是目前学术评奖中较为复杂，也是相对来说较为完善的评奖办法。

以上两个奖项，其评选过程没有问题，但其中某些做法似乎仍可商议。其一，"思勉原创奖"声言尽力发挥"学术共同体"的作用，但同时强调专家从国务院学科评议组成员、教育部社科委员等专家名单中邀请，这有故意使此奖项官方化之嫌。在中国特殊的环境中，几乎所有民间行为都有官方化的冲动，因为似乎只有官方承认的奖项才会被单位认可；从长远看，这对社会发展和学术创新都是十分不利的。其二，"汉语人文学术写作终身成就奖"首先以网站投票数决定获奖人提名，表面上看似乎很民主、走群众路线，但实际上违背学术评价小众化、专业化原则。有人认为，"我们不能说，中国的学术水平只能由中国学者来评价，外国人不能置喙；反过来说也是如此。我们也不能说，学术评价只是学者的专利，普通读者无权对学术问题发表意见"（陈先达：《学术评价的主体和学术标准》，上海：《毛泽东邓小平理论研究》，2012 年第 1 期）。这段话前半部分是对的，后半部分有问题。因为学术是极少数人从事的工作，其学术成果也是面对小众群体的，普通读者的评判一般情况下不能作为学术评价的标准。我认为"普通读者无权对学术问题发表意见"这句话，原则上是正确的。也正因此，我不赞成以网上公开评论作为学术评价的基本依据之一，因为学术研究成果是一项探索和创造性的工作，不同于通俗读物，也不同于文学作品和影视创作。

从以上两个奖项来看，我们对学术共同体的认识以及国内学术界共同体的培育都才刚刚起步；比较而言，欧美学术界已经相当成熟，值得我们借鉴。

从欧美国家学术评价的经验来看，构建自律的学术共同体，既是学术评价存在的前提，也是其良性运作的基础。自律的学术共同体是由学者以各自专业为基础自愿结成学术团体、创办学术刊物、组织学术会议等，其中专业性和自律性（autonomy）是其最主要的特点。专业性无须解释，自律性则需要略作阐释，因为自律性是学术共同体最重要的特性，也是学术共同体能否发挥作用的关键。以美国为例，学术共同体的自律性表现在三个方面：其一，自主结社和自主运作。学者自愿结成以专业为基础的学术团体，自主创办专业刊物，自行召集学术会议，上述活动不必经过权力机构的批准而成立，只要履行相关的法律程序即可。这种由团体、刊物、会议等构成的学术共同体形式，既是一个开放的学术讨论和批评的空间，也是学术秩序的建设者、维护者和监督者。其二，自主立法。"autonomy"一词有三个层面的含义：1.法律意义上的，有自治、自治权、自治州、自治团体以及人身自由的意义；2.哲学意义上的，含有自律、意志自由的意思；3. 生物学意义上的，即自发性。学术共同体的"autonomy"，应该取前两层含义的部分内容。或者说，学术共同体所奉行的"法"不是由立法机构来制定的，而是学术界经过长期积累而形成的各种惯例和共识，包括学术规范、学术标准、学术伦理准则等。其三，自主约束。正常情况下，学术共同体成员的认同感、归属感、荣誉感、责任感、信誉感、耻辱感等，使学术规范、学术标准、学术伦理等得以遵循和贯彻，一旦发生违规行为，共同体即可对当事人进行追责或处罚。李剑鸣教授说：

> 美国这种自律的学术共同体，其形成和维持同某些"心灵的习性"和"做事的方式"密切相关，而且也离不开自由、平等和民主的社会政治环境……没有什么学术权威是不可质疑的，没有什么学术观点是不可挑战的，也不存在对学界前辈的恭顺和屈从。学术是自由而开放的领地，任何垄断和霸权都不为共同体所接受；学术评价也是自由、平等的对话，尖锐的观点对立，激烈的学术争论，通常不涉及个人恩怨和私人感情。同样值得注意的是，无论是学术社团，还是学术刊物，在经济上都不依赖于政府拨款，也不单凭某个人的捐赠，而是依靠学者缴纳的会费以及其他募捐。这种经济上的独立性，是其自主性的基础和保障。(《自律的学术共同体与合理的学术评价》，北京：《清华大学学报》，2014 年第 4 期)

正是因为美国学术评价中有成熟的学术共同体起到了关键的作用，政府和大学不干预学术评价，因此美国学术呈基本健康发展的态势，成为各国学术界学习的榜样。当然，不是说美国的学术评价就尽善尽美了，我只是希望中国的学术评价能够从人家那里学习一些有用的东西。

人文社会科学学术评价中的唯科学主义倾向对人文学术的危害极大，影响因子决定论就是典型的科学主义做法，需要警惕并及时纠正。令人忧虑的是，目前的学术评价制度以及各式各样的评价机构，却正在助长这种唯科学主义、伪科学主义的做法。学术界、期刊界以及相关管理部门必须努力克服这种危害人文学术的做法，中国的学术研究才可能健康发展，中国的人文学术才有可能在世界上争得一席之地。

学术评价机制混乱导致学术期刊评价无序

急功近利以及学术大跃进是造成目前中国学术评价机制混乱的重要原因之一，有关部门不恰当的管理方式又加剧了这种混乱状况，而社会上各种各样的大学排名、学科排名、课题申请及评奖活动等，更是将这种不合理的评价机制推向极致。

在学术评价体系中，期刊充当了一个非常重要但又非常尴尬的角色，因为它本身既是评价，却也是别人评价的对象。

最常见的期刊评价是对学术期刊进行人为分级，即学术期刊被分为三六九等。尽管有些学者及期刊人对这种现象有所批评，但这些批评大多仅限于一些表面现象，缺乏深入探讨。总的来看，学术界、期刊界对学术期刊评价问题不太关心，很少有人花大力气研究去一些非常重要的问题。这种情况导致了学术期刊评价基本由外行主导的状况，突出表现在以下几个方面：第一，评价机构成为学术期刊评价的主导。目前的一些评价机构基本不具备学术期刊评价的能力，他们本来仅仅应该是数据提供商的角色。因为学术期刊评价是一项非常复杂的工作，只有学术同行或学术期刊共同体才具备这样的资格，而目前专门从事评价研究工作的从业者多是计量学或图书馆学专家。因此，当前我国期刊评价中存在的主要问题是文献计量学越位，而科研管理不到位，期刊界更是缺位。说期刊界缺位，有两个意思，一是期刊界同仁对学术评价与期刊评价不关心，二是学术期刊界还没有形成学术共同体。第二，各种二次文献变相充当了学术评价的角色。现在很多期刊办刊的目的之一，就是为了讨巧二次文献机构，包括栏目设置、论文选取等；当然，有些二次文献或故意迎合期刊口味，或与期刊进行私下交易。实际上，随着传播手段的多样化和便捷化，某些二次文献目前的价值已经非常有限，评价作用更有限。第三，各科研单位的奖励期刊目录，也变相成了评价指标。几乎每个学校都一个期刊分级表，师生们往往就盯着这些期刊投稿。因为，老师只有在学校规定期刊上发表论文，才能评职称、拿津贴；学生只有在学校规定期刊上发表论文，才能顺利毕业，拿到学位证书。

在目前期刊评价体系中，对人文学科的不公平尤其突出。我们都知道，除经济学、人口学、社会学等学科的相关研究可部分采用计量等研究方法以外，绝大部分人文社会科学学科，尤其是文学、历史、哲学等人文学科，都是一种解释性或价值性学问。这些学科的特点非常鲜明，诸如论证过程不可计量，结果无法验证；没有直接的经济效益，且短时间内看不出其价值和用处；个性化特征突出，很多学术成果难以得到学术同行的认同。这些特点决定了对人文学科学术价值的判断，不宜采用量化标准；同理，对人文学科学术期刊的评价同样也不宜采取量化标准。可实际上，目前关于人文社科学术期刊的评价却主要就是量化标准，其中最主要的量化指标就是影响因子，这样的形式评价已经对学术研究和学术期刊造成了伤害。中国学术期刊光盘版电子杂志社索性以此为题，每年都出版《中国学术期刊影响因子年报》，且成为业界的一件大事。

　　如果方法正确，将影响因子作为学术评价的标准之一未尝不可；但如果方法不对，即如果在使用影响因子进行学术评价时不分学科，将影响因子作为普世的学术评价工具，那就大错特错了，因为不同学科之间论文的影响因子相差太大。对于专业期刊来说，不同学科专业期刊的影响因子差别巨大；对于综合性期刊来说，偏重人文与偏重社科的期刊之影响因子的差别也非常之大。以历史、文学为代表的人文学科的引文半衰期在10年以上，而社会科学学科的引文半衰期大多在2.8—3.8年之间，几乎相差3倍。比如《经济研究》与《历史研究》同是中国社科院的著名期刊，但根据中国知网今年发布的影响因子年报统计，《经济研究》复合影响因子达9.831，而《历史研究》的复合影响因子只有0.954，两本期刊的复合影响因子相差整整10倍，难道我们能据此认为其质量相差10倍？！同理，笼统用影响因子来评价综合性期刊同样不科学，因为侧重发表社会科学学科文章的综合性期刊，影响因子普遍较高；而侧重发表人文学科文章的综合性期刊，影响因子普遍较低。这种学科分布的差异造成了影响因子的巨大差异。

　　因此，主要用影响因子为标准评价期刊不仅是极不科学的，而且对人文社科期刊造成严重的伤害。这种评价标准没有考虑到学科之间的差异，尤其没有考虑人文学科自己特殊的研究规范。

　　要对人文社科学术期刊进行科学评价，首先应该克服目前学术评价机制中的科学主义倾向。20世纪以来，中国学术界经过了西方现代各种学术思潮的冲击和影响，其中科学主义对中国学术思想界的影响不可低估。有学者指出，今天在中国影响最大、最能体现启蒙心态的是科学主义，而不是科学精神。科学精神是求真，力求拓展知识的新领域；而科学主义则是一种工具理性，认为科学高于一切。正是因为科学主义而非科学精神的助推，人们常常套用自然科学的标准来评价人文科学研究过程及其研究成果。这种貌似科学的做法，会对人文社会科学造成致命的伤害，扼杀人文社会科学的创新性。其次应该对期刊进行真实的评价，改变"以刊评文"的不正确做法。"以刊评文"既破坏了学术评价的规则，因为它绕过了学术评价应由学术同行来决定这道最重要的程序；也破坏了期刊评价的规则，因为"以刊评文"势必要将期刊分级，分级标准五花八门，导致行政管理部门权力的滥用。最后，学术期刊同行应该关注、研究学术期刊评价问题，建立学术期刊共同体，发出我们的声音。

学术评价机构需要给予重新评价

近年来，学术评价及学术期刊评价问题持续受到前所未有的关注。不过，因为学术评价问题的复杂性和其影响的深远性，尽管学者以及有关部门在此方面已经做了很多的努力，但问题还远远没有解决。从某种程度上可以说，有些问题反而更加严重了。那么，学术评价问题的根源出在哪里？体制当然是一个最重要的因素，如果不彻底改变目前科研体制管理的弊端，不改变政府管理和分配科研资源的方式，目前学术评价存在的问题不可能有一个根本的解决。不过，我们还应该看到，近年学术评价急速走上一条歪路，同学术评价机构这只"黑手"有极大的关系。

目前学术评价机制最突出的一个问题是歧视人文学科及以发表人文学科学术论文为主的学术期刊。人文学科的学术论文大多是思想的呈现和创造，需要长期的知识积累，因此学术成果的写作和发表一般都需要一个比较长期的过程。但是，目前各高校及相关学术机构大多以数量以及所谓期刊级别作为考核标准，这促使学术评价机构的权力急剧膨胀，各种评价机构争先恐后抢占地盘。比如，原来期刊评价有所谓"三大核心"，而今已有了更多的"核心"，评价标准五花八门，各机构竞相发布排行榜。这对学术研究以及学术期刊的办刊方向等产生了极大的负作用，尤其对人文学科学术研究以及以发表人文学科学术论文的期刊造成了非常不利的影响。这里有以下突出表现：

一是评价标准的绝对数据化，导致学术评价以及期刊评价的偏颇并遭致学术界的诟病，甚至影响了中国学术在世界上的形象。

目前在中国各种学术评价中发挥作用的，几乎全是以各种数据为基本依据而制定的评价标准。这些评价标准表面上看非常科学、非常严谨，其实质可能是最不科学、最不符合学术研究规律的，对人文学科来说尤其如此。

以中国知网为例。中国学术期刊（光盘版）电子杂志社每年都发布《中国学术期刊影响因子年报》，这个年报实际就是该杂志社发布的一系列期刊数据排行榜。其中"期刊综合统计源"和"复合统计源"包括总被引频次、影响因子、他引影响因子和即年指标，其他指标还有基础研究类影响因子、技术研究类影响因子、人文社科类影响因子、他引总引比、引用半衰期等13个指标。这些几乎全是与影响因子相关的各种数据。该杂志社近三年还发布《中国最具国际影响力学术期刊》和《中国国际影响力优秀学术期刊》，则主要运用总被引频次和影响因子两个数据，基本完全模仿照搬 SCI 的做法。上述几个榜单既没有考虑人文社会科学的一般特点，也没有考虑中国人文社会科学特殊的历史和社会环境。正是因为这种对数据的简单处理，导致榜单出现很多令人费解的现象。比如前一榜单 2014 版综合性人文社会科学类之排位前 20 名的两个期刊，就让人疑虑重重，因为无论从这两个期刊的实际学术水平、学术影响力以及学者的印象和口碑等方面，这两个期刊都应该属于中下游水平；另外，此榜单排名靠前的相当一部分期刊偏重经济学，而经济学期刊的影响因子普遍偏高，显示了学科之间影响因子的极大差距，更证明了单靠影响因子排序有多么不合理。在后两个榜单中，体育学、心理学、教育学等学科格外突出；除考古学科外，人文学科几乎全军覆没。2014年《中国国际影响力优秀学术期刊》尤其离谱，不仅有些平时几乎不为人所知、在学术界更是影响不大的期刊居然登上了这个榜单，管理学和教育学更是大放异彩，在所列前60种期刊中，这两个学科几乎占了半壁江山，粗略统计，管理学至少有11种，教育学至少9种，尤其是成人和电化教育更是一枝独秀，比如《中国电化教育》《职业技术教育》《计算机教育》等都很荣耀地成为"2014中国最具国际影响力学术期刊"榜单。我真不知道，主持者怎么好意思拿这种排行榜给学术界展示？！这就是向全世界展示的中国学术研究的最高水准？！到底是中国学术界蒙羞，还是发布者蒙羞？

　　二是评价机构所定指标随意，评判没有依据，评价结果有失公允；评价机构的特权和作为，导致学术生态和期刊生态恶化。

　　传统几大评价机构，比如"三大核心"的出炉，大多借鉴国外图书情报学科的相关做法，以数据为基础进行期刊遴选。由于近年这些"核心"受到了学术界的激烈批评，于是有的评价机构试图采取一些新的办法，以求突破。

　　中国社会科学院中国社会科学评价中心2014年发布的《中国人文社会科学评价报告》，就非常典型。这个报告发布后，在学术界产生了极大的反响。而我认为，这个评价报告不仅问题更大，而且会使本来就为人诟病的学术评价愈加混乱。此评价报告由三部分组成，即《中国人文社会科学期刊综合评价指标体系（AMI）》《中国人文社会科学期刊综合评价指标体系（2014年试用版）》和《2014年中国人文社会科学期刊评价结果》。应该说，这个报告最重要的是推出的"新奇"的期刊评价指标体系。但是评价报告发布之后，绝大多数人关注的却仅仅是期刊评价结果，即期刊排行榜。我之所以称这个期刊评价体系是"新"的，的确是因为有很多新创意新做法；之所以还称这个报告"奇"，是因为这个报告在许多方面不按常理出牌。先说新，将期刊评价体系设计为吸引力（Attraction Power）、管理力（Management Power）、影响力（Impact Power）三大块，该中心对这三个关键词的定义的确非常之新，但遗憾的是，看后却让人糊涂，比如吸引力是这样定义的："指评价客体的外部环境，良好的外部环境能够吸引更多的资源，提升评价客体的吸引力。"怎么能将期刊的吸引力归结为外部环境？各种学术声誉又怎么是外部环境？那是期刊自己的光环啊！该报告的"奇"更是让人打开眼界，比如奖项中种类甚多，同样是部级奖，可为何国家新闻出版广电总局的奖给加分，而不把影响很大且卓有成效的教育部名刊工程列入其中？这不是明显的部门歧视吗？更奇的是，该中心是如何考察各期刊"管理力"的，是如何定出具体分数的？做过实际调查吗？仅凭一张网上调查问卷就能给出具体的分数？！显然有很多主观臆断的成分，这未免也太"任性"了！在"吸引力"之"同行评价"指标中，主观成分更多，而这个指标占了45分（总分208）。粗略估算，凭主观判断可以给出分数的指标起码在 70 分以上，也就是说，这个指标体系至少有三分之一可人为控制的空间！请注意，我这里用的是"人为控制"，而不是学者评判，更不是"学术共同体"的评判！

三是盲目以期刊的英文化作为国际化，不仅不利于中国人文学术以及人文学科学术期刊的发展，而且可能背道而驰。

随着中国国际地位的提高，国家对文化软实力越来越重视，鼓励学术研究要走出去，要国际化。但遗憾的是，目前很多学术国际化的做法往往只是流于形式。比如，大家竞相创办英文刊，就非常典型，难道出版英文期刊就等于国家化吗？再比如学术评价，更有许多"伪国际化"的做法，最典型的现象之一就是 SCI/SSCI 崇拜。此类 SCI/SSCI 崇拜现象的长期存在，与我国目前的评价机制密切相关，很多高校都规定学者在此类期刊发表文章有高额奖励；国内的学术期刊更是想方设法进入 SCI/SSCI 数据库，入此数据库几乎成了学术期刊国际化的代名词。造成这种现象的根源，毫无疑问是由于中国当前普遍存在的荒谬的学术评价体系所致。因此，只有彻底废除危害中国学术正常发展各种不合理的指标体系，学术界此类怪相才会消散。

国际化涉及与语言的关系问题。目前英语的确是最为国际化的语言，但这里一个根本性的问题是：中国的人文科学学术成果翻译成英语就能实现国际化吗？我不这么认为。中国的人文社会科学学术研究需要国际化，学术期刊也需要国际化，但是我们不能以英文化代替国际化，以欧美化代替国际化，更不能以是否加入 SCI/SSCI 数据库作为国际化的标准。因为这样的国际化不仅会大大损害中国优秀的传统文化，而且会使我们与真正的国际化渐行渐远。台湾大学黄慕萱教授精辟指出：

> 由于人文社会学者的研究议题具有高度的本土关怀，自然会以最符合该国文化与思考的语言作为文献发表所使用的语言，因此以英文文献为搜录对象的 SSCI 及 A&HCI 引用索引数据库并无法代表非英文人文社会学者的研究产出状态，其搜录的期刊文章仅表示较具有国际能见度及影响力，而无法表示其重要性或质量的高低，故在非英语国家，人文社会学者的学术评鉴不能仅以国际引文索引数据库进行评鉴。（《人文社会科学研究评鉴特性及指标探讨》，北京：《清华大学学报》，2010 年第 4 期）

学术评价机构作为评价主体，无论从其从业人员来分析，还是从其所实际做的具体工作来分析，都不具有评价的资格。但是目前的情况是，这些评价机构不仅仅具有了资格，而且俨然成为学术评价的大法官，已然凌驾于学术界及学术期刊之上。而我认为，此类机构评价功能的过度开发和利用，不仅危害学术界，也将危害自己。

学术期刊问题的症结在于期刊体制

中国现代人文社会科学学术期刊自诞生至今已有百余年的历史。百余年来，学术期刊作为我国人文社会科学成果发布的主要平台，在本身获得了长足发展的同时，也为学术事业的发展做出了不可替代和不可磨灭的贡献，对此，从学术界到政府部门都有十分中肯的评价，无需多言。但近年来，来自学术界和政府部门对学术期刊特别是高校学报的批评之声不断增多，学术期刊界承受的压力不断增大，也在不断地反思自身的问题。尽管来自学术界和政府部门的批评以及业界反思的角度和关注的内容不尽相同，但在分析问题的根源时，却相当一致地指向了学术期刊体制，因此，改革不合理的学术期刊体制成了三方共同的诉求。

体制问题的凸显是有原因的。改革开放以来，逐渐摆脱了为政治服务的定位而向其本义回归的学术研究，对成果发布和交流的主要平台——学术期刊从数量到质量都提出了更高的要求。作为对学术界要求的呼应，在政府的主导下，学术期刊的阵营不断扩大。但是，学术期刊体制并没有相应的变化，诚如李频所言："共和国期刊60年的发展，体制一以贯之，不变也没变。"（李频主编：《共和国期刊60年》前言，北京：中国大百科全书出版社，2010年）故在发展变化了的学术研究与没变的期刊体制之间，形成了紧张和矛盾的关系，而学术期刊遭致批评的种种问题，正是这种紧张和矛盾的具体体现。现行学术期刊体制到底是如何造成了学术期刊的问题并阻碍了学术期刊发展的？对此，政府部门认为，体制的问题主要表现在学术期刊不具有独立市场主体的资格和身份，只要给予其独立的市场主体的身份，一切问题就迎刃而解。因此，新闻出版总署于2012年7月发布了《关于报刊编辑部体制改革的实施办法》（以下简称《实施办法》），实际实施的改革就是改变学术期刊的身份这一项，亦即规定了"转企"是学术期刊体制改革的唯一目标与手段。这份文件虽然没有"唯一目标与手段"这样的字眼，但对学术期刊体制改革并没有在"转企"以外给出任何其他的具体目标与手段。该文件虽然还提及改革要"与调整报刊业结构、转变报刊业发展方式相结合，与实现报刊业集约化经营、培育大型报刊传媒集团相结合，与推动传统报刊业向数字化、网络化现代传媒业转型相结合，与建立健全报刊准入和退出机制、科学配置报刊资源相结合"，饼画得很好，但却没有任何具体可行的措施。

实际上，学术期刊结构与布局极不合理、科学的学术期刊体系及其评价体系未能成功构建这些学术期刊最为严重的"体制病"实病全在管理体制，责任在政府而非期刊。单纯的"转企"是政府犯错，期刊吃药，疗效不会明显，甚至根本不会有什么疗效，期刊即使"转企"也根本无力解决这些问题。"解铃还需系铃人"，体制改革并非学术期刊单方面的事，只有政府部门从自身改起，才可能从源头上解决学术期刊的问题。

　　显然，笔者与《实施办法》制定者在对"（学术）期刊体制"这一概念的理解上是有差异的。从政治学上来解释，体制是管理机构和管理规范的结合体或统一体，不同的管理机构和不同的管理规范相结合就形成了不同的体制；"体制是国家机关、企事业单位的机构设置，隶属关系和权利划分等方面的具体体系和组织制度的总称"，这段被写入"百度百科"的释文应该说是常识。但在《实施办法》中，期刊体制已被限定为期刊的身份，而管理机构及其制定的管理规范被整个地忽略了。在笔者看来，这一不应有的忽略完全遮蔽了学术期刊体制问题的要害。在现行期刊体制下真实的情形是，管理机构与其制定的规范和实际实行的管理措施恰恰制造了学术期刊与方方面面的颠倒关系，比如学术期刊与评价关系的颠倒，学术期刊与二次文献关系的颠倒，学术期刊与数字平台之间关系的颠倒，学术期刊与行政管理部门之间关系的颠倒，综合刊与专业刊关系的颠倒，等等。目前学术期刊之所以举步维艰，与这些颠倒关系的存在有极大的关系，而这些颠倒关系的成立又与现行体制之间有着不可分割的联系。这些颠倒的关系如果不纠正过来，不仅将极大影响学术期刊的发展，也将影响中国学术事业的发展。

主辅颠倒：原发期刊与二次文献期刊

二次文献进入学术研究领域并为学术界所关注，大概始于20世纪80年代。那是经历了"文化大革命"浩劫后学术期刊逐步复苏的年代，新创办的学术期刊不断涌现，承接20世纪50年代形成的新中国期刊体制，高校学报和各省市社科院办的期刊呈现出多学科的综合性和稿源的内向性特征，读者定位并不清晰而数量却有成倍增加的期刊给读者的阅读带来了一定的困难。可见，从改革开放之初，学术期刊体制就已呈现出与回归正轨的学术研究需求之间的矛盾。为解决这一问题，二次文献期刊应运而生。

二次文献期刊的发展有两条基本路向：一是单一学科二次文献，即把分散于各期刊的同一学科文献择优集中二次再版。此类二次文献期刊以中国人民大学书报资料中心的《复印报刊资料》为代表。由于是复印出版，从版面到内容原汁原味（近年改为重排出版，据说是为了避免版权纠纷），给读者带来了极大方便，深受读者欢迎。二是综合性二次文献，选取各刊优秀文章，摘录其核心内容，汇编出版，此类二次文献期刊以创刊于20世纪80年代的《新华文摘》和《高等学校文科学报文摘》（后更名为《高等学校文科学术文摘》）以及创刊于2000年的《中国社会科学文摘》为代表，被合称为"三大文摘"。这类二次文献期刊对于读者了解各学科最新信息有很大帮助，故也深受读者欢迎。因为学术期刊的作者与读者本是二位一体，作者对二次文献期刊也是欢迎的。

原发刊和二次文献期刊之间的关系本来很清楚：原发刊是二次文献期刊生存的基础，没有原发刊，二次文献期刊等于无本之木、无源之水；二次文献期刊对原刊部分被选用文章的传播有积极作用，特别是对作者定位不清晰的综合性期刊，增加传播的效用是明显的。因此，从学术传播的角度看，二者之间是一种互补的关系，但主次是分明的，即原刊离了二次文献期刊依然可以存在，而二次文献期刊离了原刊，则没有了生存的余地。

但是，随着二次文献期刊另一种功能的过度开发，原本十分清楚的主次关系被彻底颠覆了，这个功能就是二次文献期刊的评价功能。学术期刊定位不清不仅给读者阅读选择带来不便，也给主管部门评估期刊的出版质量带来困难。由于二次文献在理论上是经过优选后脱颖而出的相对优秀的文献，故被二次文献期刊选用是经过了原发期刊以外的某种机制的再评价。原发期刊种类繁多，评审标准难免参差，而同一种二次文献期刊评审所依据的标准则相对统一，所以更容易得到认同。特别是在多数学术期刊质量普遍低迷的情况下，以是否被二次文献期刊选用作为评价论文乃至原发期刊质量的标准更容易被普遍接受，这实际上也得到了主管部门的默认。

以二次文献期刊的审稿标准作为学术期刊质量评价标准的做法，表面上看有一定的道理；但是如果透过现象看本质，则不难发现这个标准和这样的做法实际上是很可疑的。

首先，虽然同为二次文献期刊，但各自的办刊宗旨和读者定位不尽相同，各有侧重和偏好，比如《新华文摘》的读者定位主要在党政机关干部和管理人员，其选文更多偏好于时政类报刊和实用性研究；《高等学校文科学术文摘》和《中国社会科学文摘》虽然都更关注纯学术研究的期刊，但前者更关注高校期刊，而后者更关注社科院（联）期刊，所以，随着学术期刊发文量的不断增加，能被"三大文摘"同时选中的文章已越来越少。

其次，全国有 3000 余种人文社会科学学术期刊，年发稿总量超过了 50 万篇，此外还有大量涉及学术问题的报纸杂志，文章更是难以计数；与此相比，二次文献期刊的容纳量就显得极不相称，二次文献期刊有各自的侧重和偏好是必然的。也就是说，对优秀学术论文有意或无意的漏选既是不可避免的，也是符合二次文摘期刊特点的。为了弥补侧重和偏好带来的不公平，某些二次文献期刊规定每期选取同一原发刊的论文不得超过 3 篇、对同一原发刊同一专栏的论文只选用 1 篇，这是用表面上的公平掩盖了实质上的不公平，优秀学术论文的漏选更加不可避免。

再次，公平评价的前提是评价标准对被评价对象的普适性、被评价对象的平等参与权。如果作为一种学术论文或期刊评价机制，标准的适用性和每年发表于各类期刊的 50 万篇以上的文章能否平等参与都是至关重要的，但以此作为二次文献期刊的审稿标准和程序显然是不可取的。作为一种有其侧重和偏好的期刊，任何二次文献期刊要适合所有论文都是不可能的；而仅凭二次文献期刊的编辑人员，年审阅 50 万篇以上的期刊论文，不啻天方夜谭。

可见，二次文献期刊的审稿机制与学术评价机制是不同的。因此，仅凭二次文献期刊不可能建立起面对所有学术期刊所有论文进行平等评价的机制，二次文献期刊也没有这样的使命。

但现实中，二次文献期刊特定角度的审稿标准被放大成了对学术论文乃至学术期刊的评价标准，二次文献期刊也就从原发期刊的伙伴变成了凌驾于所有学术期刊之上的权威评判者，在方方面面都显得比原发刊高一等，主次关系的颠倒造成了以下两种怪异的现象：

怪异现象之一：为了追求文摘率，原发刊在组发稿件时，经常投二次文献期刊之所好，被其牵着鼻子走。常见的现象是，因标新立异的文章容易引人注目，也容易做文摘，更容易被二次文献期刊所关注，于是，部分学术期刊热衷于发表那些标题醒目，或话题时尚，或观点貌似新颖实则哗众取宠的文章，明知有些文章学术质量不过关也不惜版面，而对那些专业艰深、内容厚重、论证周延但难做文摘、难为二次文献期刊看中的文章却不屑一顾。当能否被二次文献期刊看中成为学术期刊用稿标准时，所损害的已不仅是学术期刊，而是直接损害了学术研究。

怪异现象之二：二次文献期刊暗箱操作越来越多。由于二次文献期刊选取稿件的标准有极大的主观性，其编辑的职业操守较之一般期刊就更显重要。毋庸讳言，某些二次文献期刊及其某些编辑的职业操守是令人怀疑的。如某些二次文献期刊要求原发刊购买其广告版面或增加订阅，更有某些编辑人员将二次文献作为谋取私利的资源。对于这些无理要求，部分期刊为了获取较高的文摘率，不得不屈从，甚至主动迎合。一个显见的事实是，有些学术水平很高的学术期刊，二次文献却很少；而有些学术水平非常一般甚至是低水平的学术期刊，其二次文献率却不低。如果说，在选稿标准上投二次文献期刊所好损害的是学术研究，那么，对二次文献期刊无理要求的屈从和迎合，就在损害学术研究的同时还污染了学术风气。

造成上述怪异现象的原因并不复杂，主要原因在于不合理的学术评价和学术期刊评价机制；而明知学术评价和学术期刊评价机制不合理，却仍让其大行其道，个中原因是什么？朱剑指出："尽管学术评价应回归学术共同体的评价基本已成学界共识，但如何才能体现公正仍是悬而未决的问题。解决的唯一办法就在于学术民主……最合适的平台无过于学术期刊。真正能成为某一学术共同体交流对话平台的学术期刊必须具有学科专业（专题）边界清晰、开放、通畅传播这三个特征，而目前却鲜有这样的平台。"缺乏这样的平台的原因恰恰在不合理的学术期刊体制，是体制的不合理才给予了二次文献期刊充当学术期刊质量评价者角色的机会。如果说，要扭转学术期刊与二次文献期刊的这种颠倒关系，重点在重建学术评价机制，那么，重建学术评价机制的逻辑起点正在改革不合理的学术期刊体制。

评价机构凌驾于学术期刊之上

　　学术期刊与评价机构之颠倒关系，与前文即学术期刊与二次文献期刊的颠倒关系，可谓异曲同工。

　　与二次文献期刊一样，专业的学术评价机构也是 20 世纪 80 年代开始产生的。二次文献有"三大文摘"，专业评价机构则有大家通常所说的"三大核心"，即《中文核心期刊要目总览》《中国人文社会科学核心期刊目录》和《CSSCI 来源期刊目录》。"三大核心"的制作者原来多是图书情报学科的研究人员。遴选"核心期刊"的原因与创办二次文献期刊一样，都是为了应对学术期刊体制不合理而造成的学术期刊数量剧增但定位不清读者无所适从的状况，只不过二次文献期刊是选优文，核心期刊是选优刊。《中文核心期刊要目总览》原主编之一蔡蓉华教授在接受记者采访时曾一再强调，《总览》不是评价标准，而是一本参考工具书，是 · 本主要供图书馆期刊订阅工作参考的工具书。"来源期刊"也是选优刊，但其目的与"核心期刊"并不相同，它是要通过对"来源期刊"各种数据进行标引统计，以为学术研究服务。制作 CSSCI 数据库的南京大学中国社会科学研究评价中心反复强调，"CSSCI 来源期刊"并非"核心期刊"，其所收录的期刊只是 CSSCI 的数据源期刊，确定来源期刊仅是其工作的基础和必须程序，对来源期刊各种数据的采集、分析、研究才是其主要功能。可见，连制造者也不承认这些期刊目录代表的是学术评价和学术期刊评价。

"核心期刊"和"来源期刊"原本与学术期刊的关系比二次文献期刊要简单，它们最初与学术期刊的编辑出版甚至都没有直接的交集。然而如今，"核心期刊"和"来源期刊"的评价功能也被社会各界过度开发了。由于"核心期刊"和"来源期刊"的目录都是按一定标准选出来的，自然也像二次文献期刊那样被认为具备了评价的意义，更由于其制作者标榜的"客观"和"公正"，在事涉资源分配的评价中得到了越来越多的运用，"核心期刊"和"来源期刊"已远远超越了其最初的功能；而且因其直接评选期刊，故对学术期刊的影响远较二次文献期刊更直接；又因其评刊周期长达2—4年，故对学术期刊持续影响的周期更长。所以，尽管"核心期刊"和"来源期刊"有许多不同，但这并不妨碍"三大核心"说法的流行，而制作这些目录的机构也就成了专业的评价机构。

那么，"核心期刊"和"来源期刊"的遴选是否可以等同于学术期刊评价？其制作者是否真的具备了评价机构的资格？这也要具体分析。首先，无论是"核心期刊"还是"来源期刊"制作期刊目录的最初目的都不是评价期刊的优劣，而是选择读者比较多的期刊，以发挥公共图书馆的效用，或者作为统计数据来源，那些质量虽高但读者面较窄的期刊显然不在其选择的范围内，这样的评价目的也就决定了它们都不能被视为对所有学术期刊的评价。其次，"核心期刊"和"来源期刊"的制作者大多是从事文献情报研究的图书馆工作人员，而并非各学科的专家，因此，他们都不是从事学术评价适格的评价主体。再次，因评价目的不同，"核心期刊"和"来源期刊"选择期刊的标准各不相同，亦即其评价方法并不具有普遍性。

因此，"核心期刊"和"来源期刊"目录都不宜直接用于学术期刊的评价。其制作机构也没有进行学术期刊评价的使命和资格，称其为"评价机构"多少有些名实不符（为了行文方便，本文姑且也称其为"评价机构"）。但在现实中，与二次文献期刊一样，"核心期刊"和"来源期刊"特定角度的选刊标准被放大成了对学术期刊的评价标准，其制作者也变成了凌驾于所有学术期刊之上的权威评判者，两者关系在这里也被颠倒了，所以，同样造成了怪异的现象：

怪异现象之一：学术评价被简化成了排行榜，这些"总览""目录"说穿了就是个学术期刊排行榜，大家似乎只关心两点内容：第一，哪些期刊进入了"核心"；第二，进入"核心"各刊的排名位次。为此，学术期刊不得不研究评价机构的偏好，不得不投其所好，以争取在榜上有名并获得好的名次。学术期刊不再关心学者的需求，而一味迎合评价机构的偏好，甚至不惜造假。

怪异现象之二：某些机构正是钻了科学合理的学术期刊评价机制缺失的空当，竞相公开打出了期刊评价甚至学术评价的旗号。如果说以前期刊目录的制作机构尚无意作为评价主体的话，现在的某些机构则是迫不及待地要充当评价主体。其实，在期刊数据库已成为各学术图书馆主要期刊来源后，核心期刊目录早已失去了其原始意义，然而，核心期刊目录不仅没有退出历史舞台，相反更加高调地发布。他们为何这么做？原因极为简单，因为有利益在！

　　与二次文献期刊引发的种种怪象一样，造成上述怪异现象的直接原因也在于科学合理的学术评价机制的缺失，原本不具备独立进行学术评价资格的评价机构如此走红，而其背后也是不合理的学术期刊体制在作怪（关于这一点，请参见关于学术期刊与学术研究和学者关系、学术期刊"名"与"实"关系的讨论），这进一步说明了重建学术评价机制和改革学术期刊体制的重要与必要。

学术期刊已被数据库牢牢绑架

学术期刊的网络平台是随着计算机和互联网技术的发展而问世的。它在 20 世纪 90 年代的出现，意味着学术传播领域革命性的变化开始了。尽管当时很少有期刊人意识到这一点，但十多年后，数字化传播几乎已成为学术传播的唯一方式。

在中国，实现数字化传播的网络平台可以分为两种：一是各学术期刊自办的网站、网页或公众号；二是汇集了数千种期刊实现商业化运营的大型期刊数据库网站。与西方发达国家不同，作为数字化传播主流的专业学科期刊集群网站很少独立存在，而像中国知网这样将所有学术期刊不分学科不分性质一网打尽的期刊数据库网站，在西方发达国家则是不可想象的事。这种状况与中国的学术期刊体制有关。简单说，大量存在的综合性期刊以及小农式经营的各种专业刊为知网的建库模式提供了基础，而专业网的建设则举步维艰，由此带来了学术期刊数字化传播的种种问题。在现实中，由于各刊自办网站（网页）或公众号不能满足信息聚合的要求，故无法与大型期刊数据库竞争。对于绝大多数期刊来说，其数字传播主要靠大型期刊数据库来实现。

在学术期刊制作到传播的整个产业链中，作为上游产品提供者的学术期刊与下游发行商原本应该是平等的合作伙伴关系，但从合作的开始，这样的平等关系就没能建立起来。朱剑曾经指出："期刊数据库网站与入编期刊的关系呈现出如下共同的特点：（1）期刊数据库网站几乎无一例外地都实行了商业化运营，但为这些网站提供上游产品的入编期刊的付出与所获得的回报却极不相称，数字化时代最宝贵的资源——期刊原始数据几乎是白送给数据库网站，甚至还有付费倒贴的。（2）虽然建立的是期刊库，但其建库模式及服务模式的确定并没有期刊的参与……（3）为了数据库的营销以及建立数据库的品牌，有意淡化期刊的形象，期刊在数据库中的形象和地位皆模糊不清，剩下的只有唯一的'大刊'和'强刊'——数据库本身。（4）除个别期刊外，各数据库与期刊所签署的入编合同（或类似协议）都是由数据库一方单独拟定的格式化合同，尽管每一条数据都来自期刊，但这些合同不仅将期刊一概排除在数据库的拥有者之外，还无一例外地将获得作者授权和向作者支付著作权使用费等关键性责任推给了期刊。上述四点足以使期刊的弱势地位显露无遗。"（《高校学报的专业化转型与集约化、数字化发展——以教育部名刊工程建设为中心》，北京：《清华大学学报》，2010 年第 5 期）从这样的关系中，我们看不到有任何平等可言，学术期刊已完全被拥有大型网络平台的期刊数据库所绑架，两者之间的颠倒关系就这样被确立了。

学术期刊与网络平台颠倒关系得以建立的原因主要有二：一是不合理的期刊体制造成的大量分散分布且缺乏学科归属的学术期刊一直深陷传播困境难以自拔，不仅是纸本的传播，数字化传播亦是如此，只能依靠包罗万象的大型数据库网站，故必然在合作中处于弱势地位；二是期刊对数字化传播前景认识不足，加之与数字技术隔膜，而将网络传播权拱手让出。在这样的情形下，数据库网站成功地借助数字化的"聚合"效应而改变了学者阅读学术文献的模式，由阅读纸本的期刊转变为阅读数据库，在线阅读已成为读者获取期刊学术资源的主要方式，因此，有些期刊纵然在数年后幡然醒悟，但现实已是离开了数据库的平台，期刊几乎无法传播。颠倒的关系就这样一直维持下来了。在这种颠倒关系中，陷入体制困境中的学术期刊实在是身不由己，因为，学术期刊尤其是中小学校的学报，基本没有纸本发行量，网络平台几乎成为这些期刊唯一的传播渠道；如果不依赖大型网络平台来传播，就会失去最广大的读者；即使一些名刊大刊，纸本发行量也是逐年下滑，同样要依赖大型网络平台。也就是说，学术期刊投靠网络平台，是一个无奈的选择，甚至成为一些学术期刊的生存依据。

这样的颠倒关系给学术期刊在信息时代的发展带来了很大的困扰。

困扰之一：数字化转型举步维艰。数字化是学术期刊未来发展的方向，这已是共识，但在目前数据库网站垄断了数字传播的情况下，数字化根本无法成为期刊内生的动力，只能是为数据库提供初始产品，编辑工作只能以纸本为中心展开。

困扰之二：难以应对期刊市场化的前景。在市场经济的大环境下，学术期刊终将面对市场。对于学术期刊来说，首先要有明确的知识产权保护意识。从学术期刊与网络平台的颠倒关系中不难看出，学术期刊知识产权意识淡薄，不仅从数据库获得的回报与付出不成比例，而且在数据库中，期刊早已被拆解成一篇篇的论文，不再以独立的个体形式传播。当期刊告别纸本的时候，将变得一无所有。

其实，目前这种状况对数据库的发展同样不利。数据库虽然实现了数字化传播，但其建库的理念还局限于图书馆模式，一味贪大求全，入库期刊良莠不齐，给读者检索和阅读带来很大困扰。一方面，由于网络平台缺乏真正适合网络时代学术传播的个性化产品，这样的数字传播只是初始的和粗放式的，远未达到数字传播的最佳境界。另一方面，初始的和粗放式的经营必定带来同行间的恶性竞争。近年来，为争夺资源，这样的恶性竞争已在几家大型网络平台之间展开，所谓"独家协议"就是在这样的背景下出现的。尽管网络平台对签订了独家协议的期刊支付了比原来高一些的报酬，但是与学术期刊实际运营费用相比，这点报酬仍然是微不足道。

因此，网络平台必须重建与入编期刊的关系，使双方的关系建立在平等、互利、双赢的基础上，共同开发满足学术研究需要、适合网络平台传播的个性化产品，方得以走入良性竞争和快速发展的轨道。但是，不平等的关系既然能建立，要打破目前这种强、弱之间的不平等，唯有弱者变强，期刊要自强，首先要挣脱体制的束缚，因此，问题又归因到不合理的期刊体制。

学术期刊与学术研究关系之扭曲

中国现代学术期刊是随着现代学术研究在中国的确立而诞生的，从诞生的那一刻起，就与学术研究结下了不解之缘。作为学术研究重镇的高校是学术期刊最早的创办者之一，早期最著名的高校学术期刊有 1906 年创刊的《东吴月报》，继之有 1915 年创刊的《清华学报》和 1919 年创刊的《北京大学月刊》。这些早期高校学术期刊在现代学术逐渐取代传统学术并获得最初繁荣的过程中起到了无可替代的作用。关于这一段堪称辉煌的历史，早已被学术界和期刊界的同仁们反复描述过。笔者在这里要强调的是，学术期刊之所以能有如此贡献，与其明确的定位是分不开的。无论是冠名为"学桴"的《东吴月报》的"表学堂之内容，与当代学界交换智识"，还是稍后的《清华学报》的"学报者，交换知识之渊薮也"和《北京大学月刊》的"交换知识之机会""释校外学者之怀疑"，无一例外地都将学报视为交流学术的最佳平台和工具，而交流的目的则在于在古今中外学理的基础上，为构建科学的中国现代学术，以推进现代国家的建设而贡献学界的一份力量。这是学界历史使命之所在，由此也决定了学报的历史使命。概而言之，学报的使命即在追求真理、交流学术、引领时代。而正是在这一使命的召唤下，学报在学术发展史上起到了不可替代的独特作用。

在这样的定位下，学术期刊与学术研究的关系是十分清晰的。学术期刊因学术研究而生，它存在的全部意义就是为学术研究和学术传播服务。它的功能主要体现在：为学术研究搭建成果（论文）发布和交流的平台，为了使平台具有权威性和公平、公正，其主事者一定是某一学科方向执牛耳的著名学者，故在平台的周围能聚集起从事相关研究的志同道合的学者，进而形成学派，共同推进学术研究的发展。可见，学术期刊与学者的研究虽有分工，但相互依存，不可分离。

20世纪前半期，学术期刊很好地发挥了自己应有的作用，实得益于学术期刊与学术研究关系的清晰定位，比如专攻历史地理研究的禹贡学派，就是以《禹贡》杂志为中心；专攻社会经济史研究的食货学派或称中国社会经济史学派，就是以《食货》和《中国社会经济史研究集刊》杂志为中心。这些期刊之所以能成为某一学派的中心，正是因为这些期刊的主编和编辑人员集研究者与编辑者于一身，一批大师级学者同时也是期刊的编辑，比如顾颉刚之于《禹贡》杂志，陶孟和、汤象龙等之于《中国社会经济史研究集刊》。参与过《清华学报》编辑出版的人员组成在今天看来更有些不可思议：吴景超、朱自清、吴宓、叶企孙、梁启超、萨本栋、胡适、王国维、梅贻琦、梁思成、周培源、赵元任、马寅初、顾毓琇、杨树达、冯友兰、杨振声、罗家伦、金岳霖、吴有训、陈寅恪、翁文灏、闻一多、王力、俞平伯。今天单独站出任何一位，都足以让我们震撼！那个时期，编研一体，学术期刊是学术研究不可分割的一部分。

新中国的学术期刊体制始建于20世纪50年代，完成于计划经济年代的学术期刊体制最显著的特点是以单位为中心，从50年代初到80年代初这30年中，期刊从布局到结构已存在诸多问题，但因学术研究饱受政治运动的干扰，"学术为政治服务"大行其道，学术期刊在很多时候都更近于"大批判"的阵地，加之学术期刊数量有限，存在的问题并不彰显。即使在这些年中，学术期刊与学术研究的关系也是比较清晰的，编辑队伍与学者基本是一体的，在政治运动间歇的年代，还是有相当一批至今仍为后学称道的成果在一些尚具一定特色和风格的期刊上刊发。当然，要以期刊为中心形成学派在那个年代是不可能的事。

　　随着80年代中期学术期刊阵容的不断扩大，学术期刊体制问题逐渐彰显，结果就是学术期刊与学术研究相分离的倾向开始显现，学术期刊作为学术交流平台的功能不断被削弱，主要表现在：首先，期刊的结构和布局出现了明显问题，新创办期刊中学科拼盘式的综合性期刊占比过高。这与单位制为中心的期刊审批和管理有关，不论科研实力强弱，按单位平均分配刊号，一校一综合刊的局面由此形成。其次，在主管部门的主导下，单位制的学术期刊特别是高校学报逐渐走向封闭，本校本单位"窗口"和"园地"的定位被强化，加剧了不合理的刊号配置的不良后果。再次，这样定位下的期刊根本吸引不了优秀学者加盟，编辑的整体学术水平出现了明显下滑，以至于从80年代末开始，"编辑学者化"的呼声不断响起。始于80年代至90年代末达到高潮的学术期刊大扩容，看似出于学术研究的需求，实则已背离了学术研究和学术期刊的规律，诚如曾任新闻出版署署长的柳斌杰所言，"一方面一些报刊没办好，另一方面该办的却办不起来"，"现在是个单位、行业、协会，就要有本期刊，拥有报刊的单位宁可经营不下去，赔着钱也不肯放弃。所以许多期刊质量低下"。这完全是不合理的期刊体制所造成的。在这样的体制下，很多主办单位为了办期刊而办期刊，学术期刊与学术研究的关系已被扭曲乃至颠倒了。

这样的扭曲和颠倒关系必然造成恶果，首先，最显性的表现是学术期刊的质量普遍下滑，越是封闭办刊的质量下滑得越厉害，以至于有些高校学报被学者们直接斥为"学术垃圾场"，无人问津。其次，学术期刊在学术研究中的地位显著下降。突出表现为学术期刊在学术研究中很难再起到引领作用，所谓学术期刊引领学术研究，一要靠学术期刊的开放性，二要靠走入编辑队伍中的著名学者而并非一般的编辑，如果不是一个开放的平台，没有高水平学者充分参与其中，能引领学术研究的高水平期刊是不可能办成的。近年来，犹如 80 年代末学术期刊界热议"编辑学者化"一样，学术期刊的"使命"成了热点问题，如果使命不成问题的话，又何来热议？

对于学术期刊与学术研究的扭曲关系，学术界已有很多评论，令人欣慰的是，这种不合理的现状近年来正在得到纠正，一批著名学者开始以各种方式走入编辑部，专家办刊、开门办刊逐渐成为一种风尚，部分学术期刊因此而大有起色，比如入选教育部名刊工程的多数高校学报，因引入专家办刊、开门办刊的理念而得到了学者的好评。但囿于体制的困扰，学术期刊与学术研究关系完全走向正常尚需各方努力。不能不指出的是，新闻出版总署制定的《实施办法》正与这样的努力背道而驰。

试想一下，在不解决当由总署承担责任的学术期刊结构、布局等体制问题的情况下，一刀切地"转企"会有什么样的结果？至少会出现走入编辑队伍的著名学者的"逃离"，学术期刊将加速与学术研究相分离，指望这样的改革能做大做强学术期刊，岂不是缘木求鱼？

将学术评价弊端归咎于学术期刊是不公平的

学术评价本来是学术共同体内部的事，可现在不仅成了有关主管部门操心的事，甚至成了全社会都关心的事，所以这是一件很不正常的事。不正常的原因非常多也非常复杂，学术界已经有很多研究。但是作为办刊人，我们的体会更深更透，因为各方的批评似乎最后都指向了一个主要目标——学术期刊。在很多人眼里，学术期刊是导致目前学术评价失衡的元凶。谁都不否认，学术期刊在学术评价中的作用当然非常重要，学术评价体系五花八门，但各评价机构最后评的主要就是学术期刊。大家经常看国内外的各种学术评价体系以及各种排行榜，他们的依据其实主要也是学术期刊。也就是说，无论个人还是学术评价机构或有关行政部门，他们都可以对学术期刊评头论足，最后谁都要把鞭子挥向学术期刊。这真是毫无道理，学术期刊冤枉呢！因此，在目前学术评价比较混乱的情况下，学术期刊实际是受害者。客观情况是，很多人对学术期刊指手画脚，但少有人认真分析和研究国内期刊的生态状况。

改革开放四十年，中国的经济发展迅速，国际地位大大提高。按照常理，中国的学术研究水平也应该有相应的提高。但我们看到，相对于中国在世界上的经济影响而言，中国的整体学术水平和影响力的确远远不够，而这也是中国在世界上话语权影响不够大的一个非常重要的原因。这里面有一个悖论，即中国每年有大量的论文在国外发表——主要是指科技论文，中国甚至已经成为SCI论文发表数量最多的国家。尽管中国学者国外发表的SCI论文屡遭诟病、屡被撤稿，但不能否认其中也有大量高水平的科技论文。先是人才外流，继而论文外流，症结原来在于我们的评价标准都是进口的，因为绝大多数SCI期刊都在国外，中国只有数量极少且水平不高的SCI期刊。这当然不能责怪科技工作人员，如果评价标准不改变，他们在国外发文就是正当的，除非中国有自己的平台，即高水平的SCI期刊。显然，我们在短时期内是无法做到的，何况此前几十年我们都没有意识到这个问题的严重性。尽管我们现在才开始重视这个问题并付诸行动去做，但我仍然要说，亡羊补牢，为时不晚。

人文社会科学的情况要复杂很多。首先，自然科学有通约性，自然科学无国界，但人文社会科学有特殊性，不同历史与文化背景的民族和国家，其人文社会科学的形态各各不同；其次，语言的隔阂，以及国家体制与意识形态安全等方面的制约，也使各国人文社会科学的交流受到很大限制。因此，人文社会科学研究的论文基本没有流失的现象，高水平的论文绝大部分在国内发表，这与自然科学论文主要发表在国外的情况非常不同。与此相应，国内也有一大批高水平的人文社会科学学术期刊，现在甚至有不少期刊已经能够吸引国外很多学者的论文。从中国知网数据库海外销售的实际情况就可以清楚看到这一点：该数据库的海外收入主要是依靠销售人文社会科学论文，自然科学论文少有人问津。当然，目前人文社科期刊也存在很大问题，突出表现为规模小，没有形成有竞争力的期刊集团，以及综合性期刊过多，体制因素影响了期刊的发展。当然，自然科学期刊也存在上述问题。

总之，在学术评价中把板子打向学术期刊是不对的。破"四唯"、破"五唯"、破"SCI 至上"都没有错，但"破"之后，你立什么？我们要建设世界一流大学、一流学科，理想很丰满，目标很美丽，但你建在什么基础之上？其实很多人都意识到了这个问题，即只有在建成专业化、规模化、体系化、国际化的一流学术期刊集群的基础之上，我们才能达成最后的目标；如果想走捷径，那将来只能吃更大的苦头。

本期发表的四篇文章，各有特点，朱剑《紧张如何不再："双一流"建设与清理"四唯""五唯"行动之关系》一文，对目前学术评价存在的问题以及应该采取的对策，做了全面论述；喻阳《积极看待当前我国人文社会科学学术生态》一文，对我国目前人文社会科学学术生态持肯定乐观态度，认为可以着手一系列的建设工作了；高自龙《我国学术期刊评价实践及其机制建设思考》一文，认为应该特别重视学术评价机制的建设，主张走"政府主导"与"市场自主"相结合的改革路径；张义川《彰显期刊价值服务政府决策——基于大数据的期刊政策影响力评价探索》一文，通过一些案例和数据，对期刊的政策影响力进行了研究。四篇文章各有主题和重点，又能相互配合、补充，既有重要的学术价值，也有积极的政策参考价值。

（本文是为《东北农业大学学报》2021 年 1 期"学术期刊发展与评价笔谈"栏目撰写的"主持人语"）

"以刊评文"疏离了作者与编者的关系

学术期刊与作者的关系和学术期刊与学术研究的关系实际上是一体两面的问题，密不可分。学术期刊与作者的关系主要体现在两个方面：其一是期刊与作者的关系；其二是期刊主编、编辑与作者的关系。

先看期刊与作者的关系。期刊与作者的关系表面上看比较简单，作者是期刊稿源的提供者，期刊是作者学术成果的交流和发布平台，但实质上这一关系是建立在学术期刊与学术研究密切结合的基础上，抽离了这一基础，即学术期刊与学术研究相分离，期刊与作者的关系就会扭曲甚至断裂。

再看期刊主编、编辑与作者的关系。其实这是学术期刊与作者关系的具体体现。主编和编辑是期刊的主持者，也是期刊与作者和读者关系的维系者。在学术期刊与学术研究的关系正常的情况下，作为学术交流平台的期刊，其周围能否有忠实的作者和读者环绕，能否成为某一学术共同体的中心，在很大程度上取决于主编的声望和编辑的作为。我们可以看到，在历史上学术期刊能成为某一学术共同体中心的时候，其主编一定是这个学术共同体的领军人物之一，其编辑也一定是这个学术共同体的成员，他们都不会外在于这个学术共同体。也就是说，编研一体，主编和编辑首先是学者而且是优秀的学者，是造就成功的学术平台不可或缺的必要条件。但在学术期刊与学术研究相分离的情况下，主编和编辑将不可避免地外在于学术共同体，那么，期刊还能成为学术共同体的平台和中心吗？作者与读者对期刊还会有归依感吗？从这个角度，我们可以清楚地看到，学术期刊与学术研究，主编、编辑与学者、作者不能分离的重要性。

判断学术期刊及其主编和编辑是否与学术研究以及学者（作者）相分离其实有一个很容易鉴别的办法，那就是看期刊评价的主体还是不是学术共同体。当两者能完美地结合时，对学术期刊最权威的评价一定是来自学术共同体；当两者的关系出现扭曲或断裂时，因学术共同体对期刊的疏离，期刊的评价权就会旁落到非本学科专家的那些评价机构手里去了。以此为标准，我们不难看出，今天学术期刊与作者的关系已随着其与学术研究关系的扭曲而扭曲了，而专业评价机构在这样扭曲的关系中担当了重要的角色。

在这样的扭曲关系下，一些奇怪的现象就出现了，最典型的莫过于：作者不知该往哪个期刊投稿，需要评价机构来指导；与此相对应的是，期刊不知哪些作者优秀，也需要评价机构来指点。今天的情况就是这样。有的评价机构在其制作的《期刊排行榜》功能说明中，甚至赫然列出了指导作者投稿的功能。比如，在诸评价机构中成立最晚的武汉大学中国科学评价研究中心（RCCSE）的主打产品就是《RCCSE权威、核心期刊排行榜》，该中心宣传的五项评价目的中，"为政府提供决策依据""为所有作者选刊投稿提供快速通道"等赫然在目，却只字未提为学者的研究服务。另外，评价机构还不厌其烦地为期刊列出了高被引作者排名表，以指导期刊组约稿件。今天的评价机构已由当年的为不可能对各专业都懂的图书采编人员作参考，跨越到对各学科的专业人员和各期刊专业编辑的投稿、组稿进行指导了。如果说其前一功能尚在情理中，那么，它的后一功能真是对学术研究、学术期刊和学者的莫大讽刺。然而，令人悲哀的是，这样的功能还真的在发挥着越来越大的作用，现实中确实存在着当作者的论文完成时，不知投给哪个期刊最为合适，而期刊则不知道自己的忠实作者在哪里的怪现象。

作者和读者对学术期刊没有了归依感，学术共同体当然也就失去了对期刊的评价权。评价机构垄断了对学术期刊的评价权的结果，进一步隔离了学术期刊与学者之间的关系，最终使学者失去了对本应属于他们自己的交流平台的兴趣，他们已不再关注这些期刊，特别是在数字化时代，养成了读数据库中论文这一新的阅读习惯的学者们，对于期刊尤其是没有清晰的学科和问题边界的综合性期刊的形象已很淡漠。但是，作者的成果仍然需要发表，他们与学术期刊仍然维系着某种联系，只不过这种联系已经不是建立在共同的学术取向和研究风格的基础上，而是需要通过评价机构的中介，作者投稿时不再去选择在学术风格和学术取向上最合适的期刊，而是根据评价机构的指引，寻找那些可以使自己在评价机构的评价中得更高分数的期刊。因为评价并不仅仅针对学术期刊，学者们的所有成果也都需要评价，而所谓评价在很多时候已蜕变为"以刊评文"，那些评价机构制作的期刊排行榜上有名的"权威期刊""核心期刊"

就成了作者的首选，而不管这些期刊是否合适。在这种情况下，在作者（学者）、学术期刊与评价机构之间就建立起了一种颠倒的关系。期刊原本应该是为作者（学者）服务的，但作者为了能在更易得高分的期刊上发表文章，就得研究并屈从于这些期刊的偏好；而这些期刊之所以能获得作者的青睐，是因为评价机构给予了"权威"和"核心"的称号，因此，在忠于作者还是忠于评价机构之间，期刊自然选择评价机构，以评价机构的偏好为自己的偏好。最终，评价机构的偏好也就成了作者的偏好，颠倒的关系被建立了起来。在这样的颠倒关系下，评价机构对学者和学术期刊的干扰和干预似乎只是某些偏好，但对学术研究的危害却可用触目惊心来形容。我们从近年来屡屡被曝光的涉及数据造假的学术不端事件中，可以看到数据造假有的已不是个人行为，而是由多家学术机构共同完成，形成了一种造假的产业链，而引导这个产业链中许多人迈上这条不归路第一步的就是这些偏好。

由此我们可以看到，评价机构已经通过指挥学术期刊的"指挥棒"对学术研究形成了很大的影响，而这些评价机构的专业评价人员并不具备文献情报学以外任何学科的背景，也不具备主编和编辑的职业素养，他们何以能如此轻松和持久地影响学术期刊和学者？如何能使学术期刊与学者之间的关系完全颠倒过来？原因还是在于不合理的学术期刊体制所造成的学者与学术期刊的疏离。因此，要让学者与学术期刊从颠倒和扭曲的关系中回归正常，就必须改革不合理的期刊体制和学术评价机制。

出版英文学术期刊不等于国际化

近年来，学术国际化的热潮方兴未艾。中国学术走向世界，融入国际学术界，这既是学术本身发展的要求，也是中国走向世界的客观要求。伴随着强劲的国际化趋势，英文学术期刊也越来越多。但是，在英文刊纷纷创办并得到官方大力支持的同时，也出现了一些不和谐的现象，这种不和谐现象突出表现为中文学术期刊与英文学术期刊关系的颠倒。这个颠倒关系集中表现在两个方面：一是将英语视为学术国际化的唯一语言；二是将能否被 SCI、SSCI 和 A&HCI 收录作为期刊国际化的唯一标准。

如果说，学术国际化就是以科学的方法、普世的价值观念、无障碍的语言、规范的样式在国际公共学术平台上展示和交流学术研究过程及其创新成果，并能为国际学术界所接受或应用；那么，撇开方法、价值观和规范不谈，仅就语言来看，"无障碍的语言"是否就只有英语？答案显然是否定的。语言作为表达思想和观点的工具，与表达的内容有着不可分割的联系。当研究的是纯自然科学时，以英语作为国际交流的标准语言当无太大问题，但当研究的是人文社会科学时，仅以英语作为交流工具就远远不够了。因为人文社会科学的内容十分丰富，仅世界各国家和民族的文化就都是与特定的语言无法分割的，离开了某些特定的语言，也许连一些地域文化的基本内容都无法理解，更遑论研究了。中国的传统文化就是一种离开了中文就无法正确理解和表述的文化。比如，中国的文字、书法、哲学、历史、诗词歌赋等等，如何用英文精确表达？再举一个更具体的例子，解读简帛文字已成为一门世界性的学问，无论是何方神圣，如果不懂中国古文字，就别来碰它。我们不可能要求简帛研究者用英文来写作，更别说拿到英文期刊上去发表了。但今天的问题恰恰在于不仅以英语写作学术论文是西方学术期刊对中国作者的要求，而且我们的学术主管部门的确也在要求中国学者这样做。这是世纪之交以来学术国际化热潮的特点，从中不难看到政府部门强烈的输出愿望，即要使中国的知识产品走向世界，让世界听到中国的声音。这种愿望是可以理解的，在有些学科也是可行的，但在涉及中国传统和中国文化的学科中，我们首先应该捍卫中文作为国际学术交流第一语言的地位。无论从尊重中国文化还是从研究中国文化的角度来说，这都是非常必要的。

与要求中国学者用英语写作中国问题研究的学术论文相配套的措施还有鼓励中国高校和科研机构创办英文期刊。据统计，截至 2010 年，中国共有 329 种外文期刊（绝大多数为英文），其中社科类有 51 种。尽管社科类期刊数量较少，但近年增长速度并不慢。20 世纪最后 20 年，总共增加了 15 种；21 世纪最初 10 年就增加了 26 种。而且这种增长势头有增无减，很多高校和科研机构都有创办英文刊的愿望。可谁又知道办英文刊的苦衷？英文刊出版了，可大多外国专家不看，中国学者不睬；也就是说既无国外读者，更无国内读者。也许，这可称为自娱自乐，但在笔者看来则是自欺欺人。

　　"崇洋媚外"这个词汇在社会上早已遭到唾弃，可在学术界却正在深入骨髓，最典型的就是在学术评价中的 SCI/SSCI/A&HCI 崇拜。大多数学者都知道，SCI/SSCI/A&HCI 不就是美国科学情报研究所建立的文献数据库吗？笔者在国外大学访问时曾向人家请教过这个东西，问他们重视不重视，得到的回答却是很疑惑、很怪异的眼光，甚至不知道你在问什么。在欧美国家，很少有人拿这个数据库作为学术评价标准。

　　当今几乎所有高校都有 SSCI/A&HCI 崇拜风，不少学者也以在 SSCI/A&HCI 期刊发表论文为荣。期刊人对这些把戏的了解应该更多，但很多期刊人却在努力使自己的期刊被 SSCI/A&HCI 收入，即使再委屈自己也在所不惜。这种现象与我国学术评价机制密切相关，学者在此类期刊发表文章有高额奖励，期刊入此数据库则一步登天。因此，只有彻底废除危害中国学术正常发展各种不合理的指标体系，此类 SSCI/A&HCI 崇拜歪风才会消散。笔者总觉得目前这股歪风，与当年大炼钢铁有一比，小锅炉先支起来，尽管炼出的全是废品；而今的学术界，不论蒙还是骗，先在 SSCI/A&HCI 刊上发文章或先进入 SSCI/A&HCI 索引库再说，管它文章水平高低！这么做，到头来害人害己害国家！有人做过调研，中国学者发表的 SSCI/A&HCI 论文，大部分水平并不高，甚至低于国内专业刊及高水平综合刊发表的论文。

　　笔者不否认中国人文社会科学学术研究的国际化发展趋势，反对的是盲目地或荒谬地以英文化代替国际化，以欧美化代替国际化，这样的国际化不仅会大大损害中国优秀的传统文化，而且会使我们与真正的国际化渐行渐远。

台湾大学黄慕萱教授曾精辟地指出："由于人文社会学者的研究议题具有高度的本土关怀，自然会以最符合该国文化与思考的语言作为文献发表所使用的语言，因此以英文文献为搜录对象的 SSCI 及 A&HCI 引用索引数据库并无法代表非英文人文社会学者的研究产出状态，其搜录的期刊文章仅表示较具有国际能见度及影响力，而无法表示其重要性或质量的高低，故在非英语国家，人文社会学者的学术评鉴不能仅以国际引文索引数据库进行评鉴。"（《人文社会科学研究评鉴特性及指标探讨》，北京：《清华大学学报》，2010 年第 4 期）黄教授这段话说得实在太好了，可现实离这个想法实在太远了！

"名"与"实"不符：学术期刊之尴尬

在近年学术期刊与学术评价关系的讨论中，我们不难发现这样一种现象，即随着专业评价机构各种学术期刊排行榜和排名表的盛行，学术界对学术期刊的批评也越来越多了。显然，对于学术期刊，评价机构排的是"名"，而学术界批的则是"实"。不言而喻，"名"与"实"的关系已逐渐成为困扰学术期刊人的一大问题。按一般理解，所谓"名"，是指人们对客观事物进行命名的符号活动；所谓"实"，是指客观实在本身。那么，在现实中，学术期刊的"名"与"实"的关系到底是一种怎样的状态呢？

对于学术期刊来说，"名"的本义即刊名。刊名包含有确定的信息，比如刊物的学术平台性质、学科或问题边界，有的还包含有主办单位的明确信息。从刊名中，也可以隐约窥见刊物的宗旨、定位与抱负，比如创办于1906年的我国第一份高校学报《东吴月报》还有一个专门的刊名——《学桴》。"桴"的本义是木筏，以其命名刊物，喻义恰如其发刊词所云："学桴者，预备过渡时代器具之一部分也……而何不以兵桴，以商桴；而何不以政治桴，以宗教桴，而独取于学者？盖兵商政教皆备于学。则学者载种种桴之桴也。而又可谓合种种桴而所成之桴也。"足见主办者的良苦用心。再如，中国科学院创办于20世

纪 50 年代的《中国科学》和《科学通报》以及一系列以一级学
科命名的专业期刊（如社会科学学部创办的《历史研究》《经
济研究》《文学评论》等）即表达了这样的愿望："希望中国
的科学工作者们协力支持，视为我们建设新中国、建设新中国
科学的共同事业。"显然，这样命名刊物，是为了彰显其开放
性。与此形成鲜明对照的是高校学报，20 世纪 50 年代至今，以
校名命名刊名、以学报表示多学科综合渐成惯例，以表达其本
校教学与科研"窗口"和本校科研人员"园地"的定位。对此，
朱剑指出："在如此迥异的理念指导下的办刊实践，孰优孰劣
很快就见了分晓。在高校学报几十年不变地自我封闭着的时候，
中国社会科学院的期刊却敞开大门，面向院内外特别是高校以
数十万计的学者征集稿件……这些期刊所发表的论文，有 70%
以上来自高校。同为学术期刊的学报却成了主办学校的'自留
地'，综合性、内向性不仅未能留住本校的高水平学术论文，
而且还造成了高校之间那看不见的壁垒。可见，刊名——办刊
理念——办刊实践——办刊效果实在是环环相扣的链条。冠以
校名的刊名——抱持综合、内向的理念——封闭、刻板的办刊
方法——门户壁垒的形成，从某种意义上说，这就是高校学报
广受批评的办刊之路的写照。"这就是学术期刊"名"与"实"
关系的基本体现。

　　"名"与"实"的关系还不仅于此。在中文语境中，"名"
并不是只有"名称"这一简单含义。"名"的概念在中国有着
悠久的历史和复杂的内涵，早在先秦时期就已存在，在先秦儒
家典籍中，"名"至少已有了以下主要含义：（1）命名和名称

之义；（2）名位、名号之义，指名位、地位、身份，其中含有鲜明的等级意蕴；（3）声誉、名声。经过两千多年的历史演变，"名"这一概念的意涵更加丰富，且深入人心，成为中华文化中的一部分。具体到当今学术期刊之"名"，除了名称这一基本意义外，也蕴含着清晰的品位、声誉、地位、等级之意义。本来，学术期刊的品位和声誉都应该是学者通过对学术期刊的阅读而产生的感觉印象，当大多数学者对某一学术期刊都持有同一印象时，就会成为学术界对该刊的主要评价。学术期刊只有得到学术界的认可，才会有好的品位和声誉认定。这就要求学术期刊脚踏实地地做好本职工作，真心实意地为学者的学术研究服务。没有这样的"实"，就不可能有好的"名"。至于地位和等级，当然由其品位和声誉来决定，即所谓有"为"才有"位"。但在现实中，学术期刊的等级和地位已由评价机构说了算，评价机构按量化评价的方法制作的期刊排行榜和排名表的直接作用就是为学术期刊确定地位和等级的。因为学术期刊与评价机构间颠倒关系的存在，"名"与"实"不符乃至颠倒现象的出现也就是必然的了。除了某些期刊靠数据造假博名外，某些高校和科研机构还根据期刊的主办单位来确定"权威期刊"的榜单，使得"名"与"实"相脱离而形成"名"的固化，某些所谓的"权威期刊"如今已堕落得不成样子，但在这些期刊榜上，"权威"依旧；而某些恪尽职守，并不断创新，已在学者中赢得口碑的期刊却因主办单位不够权威而榜上无名。可见，"名"与"实"对应是一个方面，二者经常偏离乃至分离也是一个重要的方面。当学术期刊的"名"不是由学术共同体而是由评价机构和行政机构决定,并进而左右了学术期刊和学术研究时,学术界对学术期刊的批评也就不可避免地爆发了。

必须指出的是,学术期刊"名"与"实"关系的现状与学术期刊体制特别是新闻出版总署的学术期刊管理体制的不合理也是分不开的。关于高校冠以校名的刊名命名方法只是一种惯例,并非不可突破,比如某些专业院校的学报就没有冠以校名,但到了2001年,新闻出版总署却以文件的形式硬性规定:"所有高校学报必须在'学报'前冠以学校全称,不得使用学校的简称。"学报的命名法由此成为铁律。即使学报都这样命名,只要坚持开放性,仍有可能成为开放的学术平台,但总署早已在1998年就下文规定:"学报刊登的稿件,2/3以上是本校学术、科研论文或信息。"总署的学术期刊管理体制是如何束缚学报手脚的,于这些规定中即可见一斑。另外,在涉及学术期刊等级和地位的问题上,尽管总署从来没有公开认可评价机构的排行榜和排名表,但这种纯量化评价的办法还是得到总署的完全认同,总署分别于2010年和2011年制定的《报纸期刊出版质量综合评估办法(试行)》和《全国报纸期刊出版质量综合评估指标体系(试行)》就是一个纯量化评价的体系。近年来学术界关于评价的研究已清楚表明,单纯的量化评价有着无法克服的缺陷。如果将此评估体系用于学术期刊的质量评价,那么,在评价目的、评价内容、评价主体、评价方法、评价指标和评价结论诸方面明显存在的重大问题将会对学术研究和学术期刊产生极为不利的影响。在这里,我们再一次看到总署的学术期刊管理体制不合理的一面。

域出版助学术期刊走向真正的媒体融合之路

近十几年来学术期刊同仁在数字化与体制改革方面一直在不懈探索，不仅提出了各种合理化建议，而且也进行了多项有益的探索。因为各种主客观条件的制约，尤其是客观条件的限制，似乎成效不大。自从域出版理念提出后，大家又信心倍增，因为随着域出版理论以及具体措施的完善，大家感觉到找到了一条学术期刊在数字化时代切实可行的发展之路，有望助目前的学术期刊尤其是综合性学术期刊走出困境。

一、车到山前：域出版是编辑人勇于探索的成果

数字化的快速发展与中国期刊体制的相对凝固，在现时代形成了一对既相互关联又相互矛盾的关系。数字化发展的趋势，要求中国的学术期刊必须从内容到形式做出调整，但体制却因其固有的惰性保护了已经落后于时代的学术期刊（主要指综合性学术期刊），使学术期刊在基本维持现状的情形下，依然能在数字化时代生存。这就造成了目前诸多的怪现状：普遍存在的综合性学术期刊无论从内容还是期刊形式，尽管已经大大落伍，但暂时并无生存危机；多数期刊人已经习惯于在体制内生活，因此不愿牺牲自身利益而主动改革；有影响的期刊数字平

台搭体制便车而独占市场、独享利润，既不愿还利于学术期刊，也不愿做进一步改革；有关部门呼吁和鼓励学术期刊数字化改革，但因为制度环境没有变化，且惰性已经养成，所以成效甚微。

目前中国的学术期刊完全适用于温水煮青蛙的比喻：学术期刊是青蛙，数字化以及体制环境是温水。大家心知肚明：学术期刊如果完全依赖体制的保护，不思进取，那可能只有死路一条，综合性期刊尤其如此。

可喜可慰的是，中国学术期刊界从来不乏思想者，也不乏勇于探险者。"域出版"理念的提出，就是学术期刊人在目前复杂环境下所做出的深入思考。更为让人敬佩的是，这一理念是由从事人文社科学术期刊的编辑人提出，并在异常艰苦的条件，将新理念逐步付诸实施。

从 2000 年开始，中国高校学报界就出现了一批敢于吃螃蟹的人，他们冒着打破自己饭碗的危险，率先创办了"中国高校系列专业期刊"，明确提出"数字化、专业化、集约化"的目标。经过 6 年的艰苦探索和努力，虽然看上去具体成效甚微，但却有实质性的成果，并积累了宝贵经验。简单总结为以下几条：第一，形成了改革的共识，认识到唯有改革才能有学术期刊美好的明天；第二，逐渐形成了学术期刊共同体，大家的共识共鸣越来越多，并在此基础上开始同各学科学术共同体建立密切联系；第三，与大型数字出版平台建立起了良好的合作关系，为未来的数字化改革奠定了技术基础；第四，吸引了年轻编辑积极参与到改革队伍中来，他们热情高，希望为自己争取美好的明天；第五，团结了一大批有理想、愿奉献的年轻学者，他们愿意与编辑一起，共同打造高水平的适应新时代的学术期刊；第六，也是最重要的，大家在无数次的交流和碰撞中，孕育了"域出版"的理念。

更让我们感到欣慰的是，"域出版"理念提出后，不仅迅速得到同行的认同，还得到大型数字平台的认可，大家达成一致意见，愿意共同将此理念付诸实施。此真可谓万事俱备，可以扬帆远航了！

二、顺势而为：域出版符合学术期刊的发展方向

学术期刊最初的使命只是记录和发布学术成果，并使这些学术成果广为传播，为大家共享，从而服务于社会。但是，后来学术期刊的作用却发生了巨大的变化，称之为"异化"，一点也不过分，此以中国高校学报最为典型。

在过去相当时期内，学术期刊都是学术成果发布最重要的平台，其开放性、公共性是其显著特征。但学报却因背负历史包袱而裹足不前。比如目前多数学报依然是反映本校学术成果的"窗口"，文章作者以本校为主，甚至完全成为本校师生的自留地；这种做法本来违背了学术期刊乃天下公器的理念，而今却成为绝大多数学报生存的最大理由。尽管部分高水平学校的学报采取开放办刊的方针，也具有相当高的学术水平，但却无法改变整个学报的现状。近十几年来，学报屡遭学者批评，甚至被批评为学术垃圾制造者，应该说是这种情况的必然结果。从学术界需求来看，学报已经远远不能适应学术时代发展的需

要了，因为其综合性特征既不符合学术日益专业化的需要，更无法适应学者的个性需求。关于这一点，学者们已经做过详细论证（参见朱剑：《高校学报的专业化转型与集约化、数字化发展——以教育部名刊工程建设为中心》，北京：《清华大学学报》，2010 年第 5 期；仲伟民：《缘于体制：社科期刊十个被颠倒的关系》，南京：《南京大学学报》，2013 年第 2 期）。不仅学报，各省市社科院社科联所属绝大多数期刊，也存在与学报同样的问题。综合性期刊占中国人文社科期刊的大半壁江山，这是全世界独一无二的现象。

包括学报在内的综合性学术期刊的存在，完全以体制为依托。只要体制不发生根本性的变化，这些巨量的综合性学术期刊仍然会存在下去，甚至可能比专业性期刊生存得还要滋润。2012 年原新闻出版总署颁发《关于报刊编辑部体制改革的实施办法》，曾计划让所有的报刊编辑部转企，在学术期刊界引起轩然大波，尽管在随后的一片质疑声中，这个文件并未付诸实施，但其对学术期刊编辑部带来的震动却是巨大的。尤为重要的是，这个文件的一个客观效果，是督促期刊人更加深入、认真思考学术期刊尤其是综合性学报的使命和发展前景，思考学术期刊改革的必要性。

体制之外，数字技术和互联网技术的迅猛发展，也倒逼中国的学术期刊必须做出自己的选择。因为相对于数字技术和互联网技术，传统纸质学术期刊在各个环节已经大大滞后，这同样使期刊人陷入深深的焦虑之中。在传统出版条件下，学术期刊编辑与出版是一个非常复杂的工作，而目前的互联网技术已经能轻而易举地解决。面对新的形势，学术期刊最重要的使命是什么？期刊编辑的使命是什么？这些问题值得期刊人认真思考。

我认为，目前学术期刊必须完成以下两个使命才有继续存在的理由。

1. 做新时代最好的传播

数字和互联网技术发明之前，学术期刊依赖纸质媒介进行传播，尽管传播的效果非常有限，但因为那时学术期刊几乎是唯一的传播途径，因此学术期刊在学术生产中的霸主地位不可动摇。而今，出版业发生了翻天覆地的革命性变化，学术传播的渠道也随之发生了革命性变化，纸质期刊在学术传播中的地位摇摇欲坠，甚至到了可有可无的地步。在这种形势下，传统纸质期刊存在的最大价值就反映在有效传播方面。如果能有高效的传播，如果能争取更多的读者，传统纸质期刊就有存在的价值和必要，否则终将难逃被淘汰的命运。

综合性学术期刊的问题最大。正如我上文所说，此类期刊是中国计划经济体制下特有的产物，伴随着体制改革的进一步深化，以及市场经济的扩张，此类期刊本也应该进行相应的改革。而现实情况却是，综合性学术期刊不仅基本没有进行体制、机制改革，反而有使原来的体制、机制强化之趋向。机遇稍纵即逝，时不我待啊！因为无论从哪个方面来考量，综合性学术期刊已经来到了决定命运的十字路口：如果能争取读者，即如果有很好的传播，为广大学者所接受，那么，综合性期刊就能在改革夹缝中求生存，否则必将退出历史舞台。又因为综合性学术期刊的目标读者越来越少，因此又要求此类期刊必须做最好的传播。正是在上述意义上，我坚持认为，传播才是学术期刊未来的生命所系，尤其是综合性学术期刊生命所系。

我欣喜地看到，经过多年期刊界有志之士的不懈努力，学术期刊终于找到了"做最好的传播"的具体路径，这就是"域出版"！

2. 做新时代的新编辑

"事在人为"这句老话，即使在互联网时代也依然没有过时；在我看来，不仅没有过时，人的作用反而会越来越重要！

在过去的20年，人们在享受科技进步的同时，人的作用似乎越来越小，这一点在传统的出版与编辑领域表现非常明显，学术期刊则更为典型。可以这么说，学术期刊在数字和互联网技术面前束手无策，不仅拱手将所有资源供奉给各大数字平台，甚至为了可怜的传播权，不得不卑躬屈膝地求助于各数字平台。这形成了一道奇妙的景观：别人白白或以象征性极低的价格拿走你辛苦劳动的果实，眼看着别人赚大钱，而你还得满脸堆笑地感谢人家，甚至求人家在数字平台上发布自己的文章！不仅如此，编辑的价值、编辑的成果、编辑的个性，在数字平台上一概不见了，读者看到的只是一篇篇的单篇文章，好像这些文章就是人家数字平台生产的，同编辑、编辑部没有丝毫关系！更有甚者，学术期刊不仅基本免费给人家打工，还得时常看人家的脸色！为什么？因为人家不仅白白拿走你的东西，还要对你指手画脚，对你评评点点。我们看到，许多数字平台每年都要大张旗鼓、异常高调地发布排行榜，这本来是一个简单的浏览、下载或引用数据，他们却美其名曰"学术评价"，真是滑天下之大稽！明知他们说的毫无道理，可你仍要对他们点头哈腰。学术期刊迷失在了数字与互联网技术的海洋里面，完全失去了自主性，失去了自信心。

可以毫不夸张地说，编辑在过去20年饱受心灵的折磨，他们除了要承受体制的挤压，还要遭受新技术的压迫，真正成为夹缝中的职业。然而，即使在如此艰难困苦条件之下，编辑们仍然忍辱负重，艰难前行；更有部分智者勇者坚持不懈地思考和实践。域出版的提出及实施，有望使编辑从丧失自我的窘况中走出来，最大限度地在互联网平台上发挥自己的才能，从而成为新时代的新编辑。

以上两点表明，学术期刊目前正处在一个关键的转型时期，如果顺势而为，学术期刊有望借助于数字化与互联网技术的快车，凤凰涅槃，迅速实现转型。这是一个难得的机遇期，因为体制的惯性以及客观环境，学术期刊转企的压力逐渐释放，大家有机会静下心来认真思考。但是，这个机会转瞬即逝，如果我们不加珍惜，将来可能就再难有这样的机遇了。　　　　．

三、架设桥梁：域出版助力媒体融合

正如我上文所提到，目前学术期刊的生存压力相对较小，除了转企压力暂时得到释放之外，生存环境也部分得到改善。作为国家软实力的一种重要载体，学术期刊正受到相关部门的重视。比如，继教育部高校哲学社会科学名刊、名栏工程之后，

社科规划办的慷慨资助，在一定程度上缓解了综合性学术期刊的生存压力；为鼓励个刊走数字化集约化之路，各种专项资助也陆续出台，尽管效果甚微，但其激励效果还是非常显著的。上述举措有一定作用，但不可能解决目前学术期刊所面临的根本问题。

此间，期刊人从来没有停止过思考和努力，共同的志趣、共同的压力、共同的理想，让大家走到了一起。自2010年"中国高校系列专业期刊"创办以来，高校学报同仁每年都召开各种形式的专题讨论会，重点研究学术期刊未来的发展方向，尤其是综合性学报的出路问题。大家一致认为，学术期刊只有走媒体融合之路，才有望实现真正的数字化、专业化和集约化转型，而域出版即是媒体融合起飞的翅膀！

我之所以将域出版视为学术期刊未来的发展方向，是学术期刊走媒体融合之路的桥梁，是基于以下理由：

1. 域出版有利于新旧学术期刊体制的融合

如何在不改变目前学术期刊体制的情况下，实现传统学术期刊的数字化转型，是目前中国学术期刊发展的第一难题。域出版即是在兼顾传统学术期刊现有格局与作用的基础上，并依托传统学术期刊的实力，帮助传统学术期刊尤其是综合性期刊，顺利实现数字化、专业化和集约化转型。

2. 域出版有利于作者、读者与编者的深度融合

在传统出版体制之下，作者、读者与编者是分离的，互动很难。借助于域出版的平台，则可以实现作者、读者与编者的深度融合。在域出版平台上，作者的文章既可以在第一时间发布，

又可以经编者的处理进行专业化传播，还可以与读者随时互动。在保证论文学术水平的基础上，学术成果的发布与传播是即时性的、高效的。

3. 域出版是公私融合共赢的典范

如上文所说，中国目前的学术期刊体制尽管问题较多，比如分散、低效等；但其优势也是非常明显的，比如它的公益性。前几年改企的休克式疗法，已证明难以奏效。因此，能否既保持传统学术期刊体制的优势，又借助于互联网技术的优势，使两个优势合二为一，就成为目前学术期刊走出困境的关键所在。域出版的设计，就完全做到了这一点，因为超星公司作为一家私人企业，愿意在学术期刊出版与传播方面投入，且承诺全部期刊文章免费阅读和下载；编辑部已有国家与单位投入，且不以盈利为目的。二者的结合，一定会使学术传播更加有效、有序、有利。

4. 域出版是上层决策与民间智慧融合的典范

政府有关部门就编辑部体制改革问题以及学术期刊的数字化、专业化、集约化问题，曾经发布多个文件，开过多次会议，做过多次实验，但结果成效甚微。域出版来自民间智慧，却不经意间使困扰上级有关部门多年的这个问题，有了最好的解决办法，使上层决策终于有望落到实处。这一点启示我们，只要编辑同行们不放弃努力，传统出版是有发展前途的；同时，上级有关部门也应该注重调查研究，注重最基层的编辑的工作，注重民间智慧，因为他们才最有体会，才最有发言权。

5. 域出版有望使综合性期刊和专业性期刊走向融合之路

综合性期刊尤其是学报的弊端，屡屡遭受学者的批评。借助于域出版平台，不仅综合性期刊的弊端有望彻底解决，而且还将有利于综合性期刊和专业期刊真正走向融合之路。在纸质版平台上，综合性期刊的传统做法虽然依然故我，但因为纸质版的传播已经非常有限，主要依赖在数字平台上传播，而综合刊文章在数字平台上将全部以专业、专题方式呈现，因此综合刊和专业刊在传播过程中已经没有区别。而且，在域出版平台上，综合刊和专业刊可以密切合作，两类期刊的文章可以在同一专题域中出现，相得益彰。其效果必然是：综合刊实现了专业化，专业刊则因综合刊的助力而更强、更有吸引力，两者还共同实现了数字化集约化转型。

6. 域出版有望实现专家与技术的深度融合

学术期刊数字化在中国走过了很长一段路程，但至今问题很多，困难也很多。其中最大的问题是，数字化单纯走技术路线，学者、编辑很难参与其中，这导致目前各数字平台与专家队伍的严重分离。这种情况如果不加以改变，会严重影响中国学术期刊数字化水平的提高，各数字平台也难有好的发展前景。域出版将最大可能地发挥学者与编辑的作用，平台上的所有内容将有专家规划、专家决定取舍，超星只负责技术服务。如果能够按计划运作，我相信域出版将成为世界上最好的学术出版模式。

域出版的融合功能，远不止上述几条。因此，我说域出版是未来学术出版的方向，当不为妄言。

四、知易行难：路漫漫兮而修远

"谋大事者，首重格局"。域出版的设计就是从大局、从长处着眼，不仅有利于中国学术的长远发展，使学术真正成为天下之公器，而且有利于中国学术期刊从困境中走出来。在中国特殊的体制、机制之下，学术期刊的角色也是相当的特殊，该做的没有做好，不该做的却难以脱身。比如，学术期刊应该走专业化之路，这是学术要求的需要，是中国学术期刊与国际接轨的关键，可是这一步在中国却是困难重重。综合性期刊仰赖体制的保护，没有改革的热情，但这种情况能维持多久呢？这让有责任感的期刊人焦虑万分。再比如，学术期刊的功能严重异化，甚至背负了许多不该背负的重担，其中学术评价职能的被赋予，让学术期刊难以承受。我们希望借助于域出版，解决这些多年无法解决的问题，这不仅关系中国学术期刊发展的前景，也关系中国学术事业发展的前景。

域出版的理念设计相当美好，也针对了中国学术期刊最迫切需要解决的问题。但是，从理念到实践，这中间要走过一段艰难漫长的道路。知易行难！域出版的效果如何，能否取得令人满意的结果，需要公司、编辑部、学者、编辑、读者等各方的共同协作与努力。我们拭目以待！

体制与技术双重压力下的高校学术期刊

学术期刊发展与改革不仅面临巨大的体制压力，而且面临复杂的技术与路径难题。比较而言，高校学术期刊面临的压力更大，任务更艰巨。

首先看学术期刊面临的体制压力。

目前，学术期刊来自最高层的市场化改革的压力似乎暂时得到释放，2012年原新闻出版总署出台的学术期刊市场化改革方案早已胎死腹中。表面上看，这既同改革方案某些条款的荒唐、粗疏、不切实际有关，也与期刊同行的奋力论争有关；不过，现在看来，这个改革方案的基本方针、基本方向好像是没有太大问题的，问题在于技术路径不对。当然，从根本上看，学术期刊市场化压力的暂时缓解更与大环境有关。这个大环境很复杂，非三言两语所能解释清晰的。

学术期刊市场化改革的压力的暂时缓解，为我们留出了较为充足的思考和尝试的时间与空间，需要我们做出有益的探索，这几年我们也的确在做不懈地努力。另一方面，有关部门对期刊改革的推动并没有停止。国家新闻出版广电总局于2014年4月3日发布了《关于规范学术期刊出版秩序促进学术期刊健康有序发展的通知》，实质上就是为学术期刊"另行制定具体改革办法"，是当前学术期刊改革的新一轮的顶层设计。此通知设计的学术期刊改革程序与思路，可以概括为以下四个环节，即资质认定——体制改革——质量评估——政策扶持。第一步资质认定已经开始做，并公布了第一批认证名单；第二步出版单位体制改革，他们提出的思路是以编辑、出版分离和专业化、数字化、集约化发展为基本内容，改革是全方位、多路径的，而不局限于编辑部体制；第三步学术期刊质量评估，这一步将决定学术期刊退出或发展的命运，此前原新闻出版总署制定的出版质量综合评估指标体系，但这个指标体系实际上并不能适用于学术期刊，因此这个文件曾遭到了学者的严厉批评。总局领导有所不知，关于学术期刊质量评估及评价体系建构的工作，只能交给学术期刊共同体，交给学者去做，他们根本做不了，他们没有这个能力。

我上面所讲是纯粹关于出版体制改革方面的一些政策和举措，而另一波正在启动的改革方案同我们自身的命运可能关系更大，这就是从2014年开始的高校综合改革。此次将要在全国高校中开展的改革非常重要，然而在改革的大盘子中，我们却很难找到学术期刊的位置；也就是说，在将要全面推开的高校改革大潮中，即使在高校内部，也没有给学报以及高校的其他学术期刊留下适当的生存空间。我感觉，这个情况在高校可能相当普遍。

除了上面所讲期刊改革的巨大外部压力之外，我们更应该清晰认识到，传统学术期刊体制本身的痼疾，同样是我们前进的障碍和阻力。在传统体制之下，学术期刊，尤其是大学学报，虽然目前尚无衣食之忧，但无论从期刊体制上看，还是从期刊内容来看，的确不容乐观，对此我们必须要有充分的认识。

其一，期刊单位所有制。高校学术期刊归教育部主管，高校主办，资产国有，我们已经习以为然。学术期刊是非盈利刊物，当然应该国有，应该国家出资；但是，学术期刊还有其非常特殊的一面，即它的后半程要部分参与市场、参与竞争、参与传播。从目前来看，这成为学术期刊改制的障碍。把期刊出版工作划分为前后半程的想法，有无可能化解这个困局？

其二，高校学报的综合性特征，从长远看是没有出路的。说一句极端的话，在市场大潮和数字化趋势面前，传统学术期刊，尤其是数量众多的综合性学术期刊，较难找到生存的空间。这是老话题，不多言。不过，我们正在探索一条新路，如果这条路能够走通，或许高校学报的综合性特征就能转化为优势。

其三，差不多一校一刊、过于分散的小农经济式的办刊方式，已经不适应新时代的要求，集约化成为必然趋势。怎样在体制允许的情况下寻求改革方案，就成为我们目前探索的重点问题。

其次看学术期刊改革面临的技术与路径难题。

在技术上，文科学报存在天生劣势。文科编辑对技术不敏感，使用不熟练，多数情况下是被动使用各种新技术。文科学报，尤其是重点大学文科学报，大多以发表文史哲基础学科学术论文为主，从业人员也多是文史哲出身，在学术期刊数字化趋势加快的背景下，显得越来越被动。

因此，我认为文科学术期刊必须有三个外部条件：

第一个外部条件是政府支持，既要有物质的实际支持，也应该有精神的鼓励，至少别再拿大棒吓唬学术期刊。可是，我认为目前有关政府部门做得很不够。主管部门对出版管理的重点始终放在出版社、报社以及经营性期刊，而对学术期刊缺乏研究、缺乏了解，更缺少行之有效的对策。2012 年出台的文件，以及此后学术期刊质量评估的文件，就是突出表现。而所谓百强期刊的评价，同样是行政乱作为，这种纯粹官方主导的评优方式仍在推行，实在是改革的大倒退。

第二个外部条件，必须抱团取暖，集体突围。

学术期刊有单个突围的例子（不举例），在期刊界产生了较大影响，并得到大家乃至政府的鼓励和肯定。但客观分析，到目前为止，我不认为有数字化、集约化改革成功的例子，最多只是赚了一些口碑和精神鼓励。而且，即使这样的例子，也是数量太少，影响也非常有限，在互联网时代，谈不上什么学术反响，我认为没有太大的推广价值。

集体突围，抱团取暖，有无可能？当然有可能，但难度非常大，一是囿于体制，谁都很难在体制之外有所行动；二是众多期刊难以协调。这些都是不言而喻的。但是，尽管如此，我们依然在探索这种可能性。多家学报在中国知网所创办的专业网刊取得了丰富成功经验，应该是将来专栏合作成功模式。

第三个外部条件，我们要"借船出海"，充分利用现有已有较大影响的成功的数字平台。之所以要这么做，是因为我们只有内容优势，而没有技术和技术优势，更没有资金优势，因此借船出海是唯一可行的办法。高校学报试图与超星进行战略合作合作，就是想"借船出海"。前几年也有些机构雄心勃勃，想借助体制优势、政府支持建立与知网、超星相竞争的数字传播平台，但几年下来，没有看到一个能够与知网、超星相竞争的这样一个平台（"航空母舰"），这一点很让人失望。

学术期刊生存环境的恶化与危机

　　目前，学术期刊因为在学术评价中的作用越来越重要，学术期刊再次成为学术界关注的焦点；但同时编辑的身份和地位却在不断下降，学术期刊受到的批评也是越来越多。因此，总体来说，学术期刊与学术编辑的生存环境日趋严峻，甚至恶化，学术期刊的发展正处于一个关键时期。

　　就学术期刊与学术评价问题，目前有很多注意的现象：

　　第一个现象，学术评价机构成为学术界批评的焦点，突出表现为两点：一是评选核心期刊的做法正在遭到学者的批判；二是学术评价机构做排行榜的举措越来越遭到大家的厌恶。

　　第二个现象，学术期刊成为学术评价的核心和焦点，无论是各科研机构及各高校的学术评价，还是各学术评价机构所依据的评估数据，无不是以学术期刊为中心。也就是说，在目前学术评价的漩涡里，学术期刊成为大家瞩目的中心。

　　第三个现象，数据库面临学术界的考问，突出表现为高额收费成为大家批评的焦点。在传播为王的时代，学术期刊应该怎么看待数据库的垄断做法？学术论文免费传播，完全OA，有无可能？如果有可能，学术期刊应该采取什么行动？在中国，学术期刊的免费传播最有条件实现，因为我们的绝大部分期刊是单位拨款或国家自助，没有理由不免费向公众开放。

第四个现象，学术期刊走出去，应该怎么走？现在练外功是目前最常见的做法，这就是外文期刊的创办热潮；二是练内功，这就是设法提高中文学术期刊的学术质量，凭借高水平的学术成果走出去。我认为只有这样，中国的学术期刊才能真正走出去。目前，期刊同仁在朝这个方向努力，可是并未得到有关部门的认可。

比较而言，学术期刊面临的生存危机更加严重。这种危机并非单纯源自经济的压力，而是因为受到内外夹击。外在压力，抽象来说，就是来自数字化；具象来说，就是来自数据库。读者使用数据库已经养成习惯，纸本期刊几乎已经成为一种标志性的存在，没有多少实际的意义。也就是说，纸本期刊只具有纪念意义，基本丧失了传播意义；而在目前，传播恰恰是学术期刊的命脉所在，但我们期刊人对于传播却几乎无能为力。不仅如此，在数据库中，编辑部所有的努力丧失殆尽，编辑的劳动毫无体现，读者只能看看无数单篇论文。内在压力，传统综合性学术期刊在内容上严重不适应学术界的需求，这就是过于综合，这是个老问题，尤其是大学学报的致命问题。专业化、专题化也许是综合性学术期刊的发展方向，在现有体制机制下如何实现转型，是我们急切需要解决的问题。

在上述两种压力之下，高校学报同行一直没有放弃探索。2010年中国高校系列专业期刊（专业网刊）的创办，就是摆脱危机、突出重围的尝试。虽然影响比较有限，但其首创之功，以及摸索出的宝贵经验，具有非同寻常的意义。尤其应该指出的是，通过专业网刊的协作，全国众多学报已经团结起来，大家心往一处想，劲往一处使，形成了名副其实的学术期刊共同体，这为高校学报将来的发展打下了最为坚实的基础。

需要指出的是，学术期刊要摆脱目前的生存困境，必须采取切实手段，尤其需要与数字出版公司的真诚、友好、深入的合作。学术期刊有内容优势和人才优势，数字出版机构有技术优势和资金优势。多年的实践证明，合则两赢，分则两输。所以，这次专栏出版或域出版的尝试，从一开始我们就与平台密切合作，在进行了良好的沟通后，我们制定了详细的计划，并逐步开始落实和实施。尽管前面的路可能还很漫长，充满艰辛，但我们相信，只要大家精诚合作，共度难关，就一定能够到达胜利的彼岸！

我看知网与赵教授的官司

最近"赵德馨教授起诉中国知网获赔"的消息，震动了学术界和出版界，广大学者和编辑部从来没有像现在这样关注此事。尽管案件暂时平息，可是问题并未从根本上得以解决。尤其是对知网来说，如果更多的学者站出来维权，知网怎么办？全赔，家底可能会完全赔掉；不赔，将责任转嫁编辑部，则无异自断生路，因为数量众多而无力的学术期刊是知网的衣食父母。也许，历史发展到了某个节点，知网必须坐下来认真讨论与编辑部、与作者的关系问题并设法解决了，传统的鸵鸟政策恐怕要行不通了。

知网传统的做法，是想通过期刊社或编辑部与作者签订协议，从而一揽子拿到作者授权，而避免与作者直接打交道或试图让作者放弃自己的权益。事实证明，这是行不通的，因为有越来越多的作者开始站出来维权了。且不说知网付给编辑部及作者的费用极低，编辑部很难执行二次分配；而且，目前学术期刊几乎都是事业单位主办，收入与支出管理严格，知网所付费用实际为学校收入，编辑部是无权支配的（除非学校明确规定允许）。正是因为如此，我们编辑部与知网已经很多年没有签订过任何协议，也不从知网拿一分钱。

无论从哪方面看，知网这种传统做法很难再执行下去了。

个人认为，知网可行的做法只有两条：一是源自国内学术期刊的论文资源全部 OA（免费开放），学术服务公益化，收费只限于服务项目或定制项目，或海外订户；二是尽快制定与读者及编辑部收入分成的制度，根据实际下载量计算，至于按什么比例分成，可以参考相关行业经验及相关法制法规。

可是很遗憾，我目前不仅尚未看到知网在此方面的努力，甚至与作者、编辑部的愿望和要求越来越远。其一，知网仍在想方设法努力与各家期刊签订独家协议，这说明知网不仅没有 OA 的想法，反而更想独占，想进一步并试图完全垄断学术论文市场。此种做法无异与反垄断法背道而驰，也是与读者、与编辑部的愿望不相符合的，因此不可能行远。其二，目前知网与各家所签协议，无论给编辑部的报酬，还是给作者的报酬，都非常之低，但下载论文收费却非常之高，此与知网最近 20 年的巨大盈利是不成比例的，对作者、对编辑部都是不公平的。此种作为，将无法阻止后续会有更多学者站出来维权，也很可能会有学术期刊组团拒绝与知网合作。这种情况一旦出现，知网危矣！

当然，我们也要看到，尽管大家对知网有很大意见，但是我们不能否认知网所做的巨大努力和贡献，知网为学术研究所带来的极大便利。如果没有知网，目前的学术研究会受到极大影响；如果没有知网，有些硕博论文可能根本就无法完成。所以，我们决不希望看到更多的学者出来维权，更不希望看到知网垮台，而是希望它继续发展，希望它在尊重学者及编辑部权利、遵守相关法律法规的前提下健康发展。

很遗憾，目前形成了这样一个怪圈：知网依靠对学者及学术期刊权利的榨取而起家，从而导致作者及学术期刊对知网一直非常不满；可如今，随着知网用户的不断扩大，不仅学者离不开知网，学术期刊也已离不开知网。恨爱交加，身心分裂，于今为甚！

作为一名老编辑，老主编，我内心非常复杂，大家经常讨论，经常发声，但收效甚微，成为最为烦心的一件事。为何？因为我们精心编辑的学术期刊，到中国知网那里，统统变成了一锅炖烂菜，主编与编辑的意图、杂志与栏目特点等等全部消失了，我们无可奈何。更为糟心的是，随着互联网及数字技术的发展，知网却越来越成为学术期刊及作者所依赖的资源。对于期刊来讲，纸本订户越来越少，有的期刊甚至是零订户，学术传播基本或完全依靠数字平台；在国内几大学术数字平台中，知网是绝对的龙头老大，目前地位无可撼动。这就意味着，学术期刊不仅不敢得罪知网，甚至于要经常求着知网，生怕自己的论文不能上到知网传播。甚至于形势完全颠倒：知网似乎成为学术期刊的衣食父母！加之国内学术期刊几乎都是单打独斗，力量分散，且是事业拨款，因此目前很少有学术期刊同知网打官司。中国社会科学院的学术期刊较为集中，也几乎都是全国人文社科最权威的期刊，他们曾试图抱团抵抗知网，可没想到最后因为传播大受影响，被引数据大幅度下滑，而不得不与知网和解。最后双方让步，社科院期刊文章继续在知网发布，只是时间稍有推迟，知网则给中国社会科学院支付了比学报及其他期刊更高的费用。在我看来，双方都不是赢家。

解铃还靠系铃人！我也不知道此话是不是对，仅供知网及各位读者参考。

最后做个广告：我约了一位这方面最权威的专家从学理法理上详论此事，最近几天就能完稿，会在公众号率先发布，我很期待，相信读者朋友们一定也很期待！

（补记：约的文章即朱剑《中国知网与入编期刊及其作者关系十论——从赵德馨教授诉中国知网侵权案说起》，发表于《清华大学学报》2022 年第 2 期）

中国现代学术传统的承载者

——20世纪前半期的中国高校学报

现代学术无疑是相对于传统学术而言，二者的细分学术界早有定说，不必赘述。有一点可能不为人所注意，即中国社会尽管自鸦片战争以后发生了剧烈变化，但学术思想并没有在短时期内发生相应的变化。这就是为什么在连续发生多次重大的中外事变后，中国依然采取科举取士、依然坚信中体西用为救国良方的重要原因。也就是说，中国尽管受欧风美雨的激荡较早，但多为枪炮和机器的接触，思想文化的变化要滞后很多。中国现代学术实发端于19世纪末20世纪初，这已是学术界公认的事实。确切地说开始于甲午战争后的救亡图存，尤其是在戊戌变法后，中国知识界逐渐意识到中国落后不仅仅在枪炮和机器，更在于科学技术和思想学术。因此，现代学术在中国生根并产生影响实际上是进入20世纪以后的事，严复、梁启超、王国维等著名学者有开山之功。期间，除了西方的理论和方法对中国产生影响外，现代学术体制——大学的建立尤其重要。

大学对20世纪初期的中国来说，仍然是一个新鲜事物。看一个大学是否能摆脱传统科举制度的影响以及衡量其办学水平，有两个最基本的条件：一是人才培养，二是学术水准。科举制度下人才培养的目标只有一个，即取得入仕的资格，现代大学则是根据社会需要来培养人才，而学术水准高低决定了学校能否培养高水平的人才。因此，有眼光的大学领导人无不把提高学术水平作为大学的要务。作为发表现代学术论文的重要载体和推广学术成果的重要平台的高校学报，正是在这个大背景下诞生的。在现代学术逐渐取代传统学术的过程中，学报起到了非常重要的作用。

尽管我国现代学术体系的创设深受西方学术的影响，但悠久的学术传统和近代以来的特殊经历，赋予了中国现代学术体系自身的特点，从而也形成了早期学术期刊特别是高校学报自身的特点。

1. 在办刊宗旨上，追求真理、交流学术、引领时代被确定为学报的使命

1906 年 6 月由东吴大学创办的《东吴月报》是我国最早的高校学报，创刊号名《学桴》。何谓"学桴"？其发刊词云：

> 学桴者，预备过渡时代器具之一部分也……而何不以兵桴，以商桴；而何不以政治桴，以宗教桴，而独取于学者？盖兵商政教皆备于学，则学者载种种桴之桴也，而又可谓合种种桴而所成之桴也。[《学桴》（《东吴月报》），1906 年创刊号]

显然，主办者认为学术可以统合政治、经济、军事、宗教，期望《东吴月报》能在中国关键的过渡时代发挥自己的作用。同时，"桴"还是一种交通工具，"学桴"所要交通的当然是

学术，如其发刊词所明言："表学堂之内容，与当代学界交换知识。"

1915 年 12 月创刊的《清华学报》是一份文理综合性学术月刊。较之《学桴》，《清华学报》的发刊词对"学报"的功能和宗旨有了更明确的定义：

> 学报者，交换知识之渊薮也。清华学子，以学报有益于学业者甚大。特于课余之暇，译述欧西有用之书报，传播学术，或以心之所得发为文词，或以平时所闻者为余录。虽零纨碎锦不为巨观，而别类分门，颇具条理。诸君子之苦心热力有足多者。语云：君子以文会友；又云：所以求乎朋友先施之。方今学理日新，文化日进，凡足以资考镜者几乎美不胜收，且人之好学谁不如我。苟以此册与各界各校所出之伟著，互相交换，互相观摩，则此后诸君子之学识，日以增进，而本报亦继长增高，益求完备。学报之称庶能名副其实欤？（杨恩湛：《小引》，载《清华学报》1915 年第 1 期）

创刊于 1919 年初的《北京大学月刊》，由校长蔡元培亲自撰写了发刊词，不仅是他对大学理念最早、最完整的阐释，也是对高校学报办刊宗旨和原则最为系统的表述。《北京大学月刊》有三个目的：第一，"尽吾校同人力所能尽之责任"。什么责任？是学术研究的责任，因为"所谓大学者，非仅为多数学生按时授课，造成一毕业生之资格而已也，实以是为共同研究学术之机关"。这一理念可以称之为中国人最早提出的关于研究型大学的理念，创办《北京大学月刊》的目的就是要发表这些研究成果。"以从事于研究，要必有几许之新义，可以贡献于吾国之学者，及世界之学者。"第二，"破学生专己守残之陋见"。所谓陋见，包括两个方面，即"大多数或以学校为科举，但能教室听讲，年考及格，有取得毕业证书之资格，则他无所求；或以学校为书院，暧暧昧昧，守一先生之言，而排斥其他"。"而有《月刊》以网罗各方面之学说，庶学者读之，而于专精之余，旁涉种种有关系之学理，庶有以祛其褊狭之意见，而且对于同校之教员及学生，皆有交换知识之机会，而不至于隔阂矣"。第三，"释校外学者之怀疑"。蔡元培在这里提出了海纳百川、兼容并包的原则，指出"此思想自由之通则，而大学之所以为大也。吾国承数千年学术专制之积习，常好以见闻所及，持一孔之论"。《北京大学月刊》的任务就是打破门户之见，古今中外兼收并蓄，"今有《月刊》以宣布各方面之意见，则校外读者，当亦能知吾校兼容并收之主义，而不至以一道同风之旧见相绳矣"（以上引文见《蔡元培全集》第三卷，杭州：浙江教育出版社，1997年，第 450—452 页）。

比较上述三个发刊词，无论是冠名为"学桴"的《东吴月报》的"表学堂之内容，与当代学界交换知识"，还是稍后的《清华学报》的"学报者，交换知识之渊薮也"和《北京大学月刊》的"交换知识之机会"，"释校外学者之怀疑"，无一例外地都将学报视为交流学术的最佳平台和工具，而交流的目的则在于在古今中外学理的基础上，为构建科学的中国现代学术，以推进现代国家的建设而贡献出学界的一份力量。这是学界历史使命之所在，由此也决定了学报的历史使命。概而言之，学报的使命即在追求真理、交流学术、引领时代。而正是在这一使命的召唤下，学报在学术发展史上起到了不可替代的独特作用。

2. 在刊物结构上，多学科综合性是高校学报的基本形式，但不是唯一形式

最早的高校学报是文理合一的，比如《清华学报》就是一本文理科综合性期刊，恰如其发刊词所言："虽零纨碎锦不为巨观，而别类分门，颇具条理。"不仅如此，它还是中国第一本中英文双语学术期刊，在学术性、探索性和舍弃日本间接渠道传入西学而代之从欧美直接传入西方最新科技学术等方面开创了高校学报的新纪元。

与自然科学期刊由综合到专业的清晰走向不同，人文社会科学期刊走的是综合性与专业性并存的道路，而综合性期刊始终占有重要地位，这也是由于人文社会科学"内在发展规律和阶段所决定的"。尽管现代学术的体系构成、学科分类、研究方法等多源自西方，但中国传统人文研究并没有明确的学科分界，传统学问的分类方法与现代学术大相径庭，受此影响，文、史、哲这些传统人文学科在现代化过程中学科边界并不清晰，而社会科学则刚刚起步。因此，最早的几本学报选择以文史为主的综合性结构自有其道理：更切合现代学术初创阶段学科发展的特点。

但是综合性毕竟只是一定阶段的选择，并不代表全部和永

恒，也不是高校学报必不可少的特征。随着科研的推进，对于人文社会科学研究实力相对强大的著名大学来说，仅有综合性学报已不能满足学科建设和发展的需要，因此，一批由高校主办的小综合或准专业学报也应运而生，如北京大学的《国学季刊》、东南大学的《史地学报》和《国学丛刊》等。这些刊物本来都属于高校学报的范畴，除了已有比较清晰的学科边界意识外，在主办者身份、办刊宗旨、编辑构成、稿件来源等方面，特别在追求真理、交流学术、引领时代这一学报的本质特征方面，与早于其问世的综合性学报并无二致。然而，长期以来，人们在研究高校学报历史时，却常常有意或无意地忽略了高校学报的这个有机组成部分，而将其划入非学报的专业期刊，多学科综合似乎成了高校学报的唯一标识。这是对高校学报史的一个严重误读。

当然，更多的专业期刊是由专业学会和专门研究机构主办的。有学者以专业期刊较多的史学领域为例，探讨了早期专业期刊（学报）与综合性学报在促进学科发展方面各自的作用："专门性史学期刊对于史学自身有着其他学术期刊（或一般性期刊）所不具有的特殊意义，专门性史学期刊的出现对于现代的、科学的历史学的形成与发展产生了十分积极的影响，是中国史学科学化进程中的重要内容之一。""曾被称作'四大学术刊物'的《国学季刊》《清华学报》《燕京学报》和《中央研究院历史语言研究所集刊》，前三者均属高校学报，且都创刊于20年代。可以说，这些期刊代表着当时学术研究的最高水准，享有很高的学术声誉。其刊载的史学研究论文亦应标志着当时史学研究的最高水平。因此，高校学报类期刊之于历史研究的作用不可小视。"（张越、叶建：《近代学术期刊的出现与史学的变化》，《史学史研究》，2002 年第 3 期）历史学期刊可以说是在中国传统学科走向现代过程中人文社会科学期刊嬗变的缩影。当今天的人们重读这段高校学报的历史时，不能无视综合性学报与专业学报并存这一历史现象。

3. 在学报布局上，多以孤立的"个刊"而非协调的"体系"形式存在

早期学术期刊的一个鲜明特点是主办单位在期刊中的特殊地位。学术期刊的主办单位主要有高校、学术团体及学会、科研机构等。它们的共同点是，在将学术期刊视为学术交流最佳工具的同时，还将其视为展示本单位科研业绩的最佳"窗口"，即如《学桴》所言，"表学堂之内容，与当代学界交换知识"，故它们中的大多数又不约而同地将交流界定为主办单位对外界的单向交流。早期的高校学报无不如此：通过展示自己，实现互相交流。这在大学初创而学术成果和学术期刊的数量都十分有限的当时，的确不失为一种行之有效的方式，展示自己与交流学术的双重目的都在一定程度上得到了满足，故为学界所普遍接受。

早期学术期刊的另一个鲜明的特点是"地域特征"，中心城市如北京、上海、南京、广州、武汉等是高等学校和科研机构的集中之地，也是包括高校学报在内的学术期刊的集中之地。学术期刊这种相对集中的存在本来可为体系化的发展提供方便，但体系化的前提是与学科发展相适应的专业期刊群的产生和协

调发展。在人文社会科学领域，尽管也有专业学报问世，但体系特征并不明显，强势存在的综合性学报坚持本校立场的定位使得学报在展示本校形象的功能上无可替代，然而对学报自身的发展而言，却无法在整体上形成基于大学学科体系的期刊体系。综合性学报在学术界虽然有着其他期刊难以企及的地位，但其以孤立、分散的"个刊"而非协调发展的"体系"存在的特征越发明显，而少量专业学报的存在，并不能改变这一基本格局。

4. 在编辑组成上，多为编研一体

早期高校学报，无论是专业性还是综合性的，还都有一个独到之处就是编研一体，编辑者的身份首先是学者，而且多为著名学者。身为校长的蔡元培不仅是创办《北京大学月刊》的倡导者，更是亲自担任了主编，亲自撰写了发刊词。胡适则担任了《国学季刊》的编委会主任，编委会由李大钊、沈兼士、钱玄同、周作人、顾孟余等组成，利用《国学季刊》，胡适发起了"整理国故"运动，一度甚至引导了学术研究的风气，影响深远。《清华学报》编辑部都是由造诣较深的专家学者组成，陈达、浦薛凤、吴景超、朱自清曾先后担任学报的总编辑或编辑部主任，知名学者赵元任、吴宓、杨树达、冯友兰、杨振声、罗家伦、金岳霖、吴有训、陈寅恪、翁文灏、闻一多、王力、俞平伯等都是编辑部的成员。由如此众多的著名学者担任主编或编辑，使得学报具有了超越其他任何期刊的优势，而大多没有清晰的学科边界，也使其得到了来自各学科学者的普遍关注。正是这种持续存在的普遍关注，让多数学报沿着综合性的路向继续前行，但能维持如此豪华编辑阵容而在这条路上成功地走下去的，只能是少数著名大学的学报。

5. 在期刊稿源上，呈现出明显的内向性

如上所述，高校学报的目的是双重的，除了学术交流外，还在于全面地展示本校学术成果，如此，稿源的内向性，即原则上只向本校研究人员提供发表机会，遂成为学报的另一个鲜明特征。但也有例外，武汉大学在 1930 年决定创办学报时，王世杰校长亲自撰写的《创刊弁言》中就明确提出要把学报办成"全世界之公共刊物"，"不仅本校同仁能利用其篇幅以为相互讲学之资，即校外学者亦不惜以其学术文字，惠此诸刊"。显然，在最早的高校学报问世 20 多年后，后来者已意识到了内向性的办刊模式之不足。

中国早期学报的产生和发展孕育了最初的学报传统。所谓学报传统，无非是历史上学报办刊经验的汇集。通过对早期学报上述诸特点的分析，可以总结出早期学报传统的要义，概而言之：（1）中国高校学报传统从形成的那一刻开始，其核心价值就是以开放的心态追求真理、传播学术、引领学术。这体现在：第一，本校学人间的交流；第二，校际交流；第三，国内外学界的交流。（2）本校学人的广泛参与。这体现在：第一，本校著名专家是办刊的主力；第二，师生合力办刊；第三，作者主要来自本校。（3）综合性、分散性、孤立性、内向性是最早创办的高校学报的主要外在形式或外部特征；但高校学报也已具有了一定的适应学科发展的调节能力，随着学科的发展和学者群体的增长，专业学报应运而生，已开始具有一定的学科边界意识，有效地补充了综合性学报的不足。（4）追求真理、传播学术、引领时代是学报的根本属性，而外在形式是为这一根本属性服务的。

需要指出的是，正是中国现代学术的早期状况决定了高校学报的早期特点，并进而形成了最初的传统。比如著名大学独立存在的内向性的人文社会科学综合性学报得以在学界占据重要地位，就是因为初创阶段的大学学科分野并不清晰，大学学者及其学术成果的数量极为有限，而著名学者身兼学报编辑这种编研一体的办刊方式保证了学报能够集中本校各学科的最优成果，由此构成了综合性学报基本可实现无障碍传播的必要条件。只要抽去或改变了这些条件中的任何一个，学报特别是综合性学报的地位就可能发生动摇。换言之，只要条件有所改变，综合性、内向性、分散性的外在形式与追求真理、传播学术这一核心价值之间就有可能产生矛盾。这也是在相对较多的综合性学报强势存在的同时，专业学报得以问世的原因。

在20世纪前半期，除了前文已较多提及的清华和北大学报外，还有《复旦》《南开季刊》《史地学报》《法政学报》《国学丛刊》《燕京学报》《辅仁学报》等学报，都对中国现代大学的建设和发展、对现代学术转型发挥了重要作用。至1937年抗日战争全面爆发前，学报增加到近百种，并逐渐从文理综合发展为文理分刊，综合性与专业性并存，编辑出版也渐趋规范化。

必须提及的是，20世纪30年代，民族危机日重，学界忧国之情亦深，这在学报上也多有反映。如1933年《安徽大学月刊》

创刊，校长程演生在亲撰的发刊词中，首先说明办刊的初衷在于"促进自由研究之精神"，立校五年，"蓄而待发者，为量必宏，是本刊之诞生，亦势不容已"。这与同时期的学报并无不同，但接着他话锋一转，痛切陈言：甲午战后，日本"侵占我辽沈，轰炸我申沪，攫夺我热河，摇撼我平津，置人道正义于不顾，直欲尽占我版图，奴虏我族类。追溯其故，吾国之所以不竞，何尝非自食其果！其重要原因，尤在兴学之始，知效法欧西之为善，而不知欧西之所以善"。进而反思"今之世界，危机四伏，险象环生，曷尝非学术误致其用之过。……且暮营营，追索人后，颠顿长途，未有不终于自困者也！"在这里，他把拯救民族危亡与学术研究、学术创新、学术致用和学术期刊的责任联结在一起，"兹本刊之诞生，适值中华民族危急存亡之秋，演生心怀时艰，不能自已，故以斯意弁诸首，愿与当世明达共勉焉！"如果说，早期的学报注重的是追求真理、传播学术、引领时代，那么，在国难当头的20世纪30年代，学报更是将之具体化为救亡图存的实际行动，民族的命运与学报的命运已密不可分。在学报的传统中，注入了忧国救国的情怀。

抗战爆发后，学报发展受到严重影响，大多数学报停刊，不过即使在战乱连年的岁月，学报作为学术期刊的中坚，仍顽强地存在，且有新刊问世。恰如1941年西迁的齐鲁大学创办《齐鲁学报》时的发刊词所云："夫学问研讨，本属平世之业，然兵燹流离，戎马仓皇之际，学术命脉，未尝无护持赓续之望……风雨如晦，鸡鸣不已，而大厦非一木所支，全裘乃众腋所成，作始虽简，将毕可钜，将伯之呼，嘤鸣之求，夫岂得已哉。"

然而，战争毕竟严重制约了学术研究和学报的发展，至 1949 年，全国仅存学报已不足 30 种。

（此文与朱剑合作）

中国现代学术传统与学术期刊的裂变

——20 世纪后半期的高校学报

1949 年后，中国学术期刊进入了一个新的历史时期。政权的更迭导致了旧时代期刊逐步消失，新的学术期刊格局逐步形成，20 世纪 50 年代各种新刊的创办，基本奠定了此后 60 年学术期刊的发展路向，而形成于 20 世纪前半叶的学术期刊特别是高校学报的传统于此时发生了影响深远的"裂变"。

1950 年，中国科学院院长郭沫若在《科学通报》发刊词上说：

> 我们（中国科学院）将要出版各种的专门学报和两种综合性的科学刊物：一种便是《科学通报》，另一种是《中国科学》。这些学报和综合性的科学刊物，都希望中国的科学工作者们协力支持，视为我们建设新中国、建设新中国科学的共同事业……大体上《科学通报》的任务是接近于普及工作的，《中国科学》和各种学报将担任提高的任务。

从郭沫若"各种专门学报"的表述中不难看出，直到此时，"学报"尚不是综合性大学学报的专属名称，而是科研机构或高校所办学术期刊的泛称，而且它也可以是专业期刊。"学报"特指高校办的刊物尤其是特指综合性学报则是后来的事了。

此后，一批中国科学院及其各研究所主办的自然科学专业期刊相继创刊。在人文社会科学领域，20世纪50年代中后期，由中国科学院社会科学学部主办的《历史研究》《哲学研究》《经济研究》《文学研究》（1959年更名为《文学评论》）等一级学科专业期刊也相继创刊。

郭沫若为《科学通报》撰写的发刊词可谓定下了中科院学术期刊的基调：（1）期刊体系化。这首先体现在刊物的命名上，不冠以主办单位的名称，而是以学科命名，以便清晰地厘定每本期刊的学科边界，从而为与学科发展相匹配的期刊体系的逐步形成打下了最初的基础。与此同时，充分考虑到了综合性期刊在期刊体系中的作用和占比，综合性期刊贵精不贵多，仅有的两本综合性期刊也有明确分工——普及与提高。（2）对学术界全面开放，不再拘泥于本单位的"窗口"和"园地"，所有中科院的刊物，"都希望中国的科学工作者们协力支持，视为……共同事业"。不仅自然科学期刊，社会科学期刊同样如此，比如《经济研究》在其发刊词中就明确提出："凡是经济科学范围以内的有学术价值的文章和资料都可在本刊发表。"再如《文学评论》在改刊名后第一期的编后记中就向"全国文学研究工作者和文学评论工作者们"发出吁请："我们很希望同志们把研究的成果寄给本刊陆续发表。"可见，中科院期刊公共学术平台的定位一开始就十分明确，且昭告天下。

与中科院相对应，随着高等教育事业的发展，新的学报也不断创刊，比如《文史哲》《北京大学学报》《厦门大学学报》《南京大学学报》等。至1965年，全国学报共有160余家，但文理学报极不平衡，理科学报 120 余种，文科学报仅 40 余种。那么，这些新创办的高校学报又是秉持什么样的办刊宗旨和理念呢？

马寅初先生为《北京大学学报》撰写的发刊词是这样说的：

> 北京大学的社会科学工作者和自然科学工作者依照"科学服务于经济建设文化建设"的方针，在他们的岗位上，不再仅从个人兴趣出发，而极愿把自己的科学研究工作去配合国家的实际需要。学院式的生活，将成为过去的陈迹了……北京大学的教师们正在自愿的原则下，进行马克思列宁主义理论的学习……为了彻底解决我们的工作落后于人民需要的矛盾，我们应该迅速地认真考虑到培养下一代青年的问题……我希望上述的几点意见，成为我们《北京大学学报》的工作方向。（《北京大学学报》，1955 年第 1 期）

在这里，服务国家、理论学习和培养青年被确定为《北京大学学报》的"工作方向"，显然这个学报的学科边界并不明确，而作者身份倒很清楚，限定在"我们北京大学"。这一时期创刊的各名牌大学人文社科学报的办刊宗旨和理念与此大同小异。由于 1953 年后中央相继号召向苏联学习、向科学进军和"百家争鸣"，多数学报还加入了这些内容。

《文史哲》是个例外，与一般学报由学校主办不同，"本刊是由山东大学历史语文研究所和文学院的一些同人们组织出版的，我们的宗旨是刊登新文史哲的学习和研究文字，通过这写作的实践，来提高我们的理论水平，并借以推进文史哲三方面的学习和研究。虽然主要是由山东大学的同人们组织成的，但我们欢迎从事于文史哲工作的朋友们，赐给我们稿件和批评"。（《编者的话》，《文史哲》，1951年第1期）。这种相对开放的理念与刊物学科边界比较清晰有很大关系，当主办者由服务于本校转向服务于学科时，其学术视野也自然地由单纯向内而转为内外兼顾了。《文史哲》后来声名鹊起且历数十年不衰，原因多多，但与此不无关系。可惜的是，这样的例外太少了。

随着中科院期刊和高校学报的创设，在学术界出现了两大期刊类群。其实，两类期刊原本并不该有多大差别，如果说高校学报是"校之刊"的话，那么中科院期刊就是"院之刊"，但现实中两类期刊的区别并不仅限于主办单位的不同，而是从刊物的命名到定位等一系列办刊理念的完全不同，由此也昭示了两类期刊对学术期刊（学报）传统的不同理解与继承。应该说，中科院期刊更多地立足于全国学术界来推进学科的发展，以承担起时代的责任。笔者无从得知中科院期刊体系的设计过程，但显然不会出于郭沫若个人，应该是集思广益的结果。笔者也无从得知中科院期刊的设计者们是否思考过与学术期刊（学报）传统的关系，但可以想象的是，在充满当家作主的豪情除旧布新的1950年前后，民国期刊的传统也许不会产生显性的作用，但从旧社会过来之人总会受到传统潜移默化的影响（比如郭沫若很自然地把即将创办的专业期刊称为学报），加之自然科学家崇尚科学的精神，学术期刊传统的核心价值——追求真理、传播学术和引领时代的历史担当还是得到了传承。

与中科院期刊相比，学报传统对多数20世纪50年代中期开始创设的新中国高校学报的影响似乎是显性的，具体表现在这些学报更拘泥于传统的外在形式：冠以校名的刊名、多学科集成的综合性、稿源的内向性、各学报之间没有关联等基本原封不动地照搬了高校学报初创时的模式，更多地着眼于当下本校的建设，而这样的模式在新时代是否还能承续传统的核心价值，似乎未多作考虑，至于像中科院期刊那样形成与学科发展相匹配的期刊体系更是无从谈起。即使一些专业性大学的学报，除了有一定的学科边界外，其内向性的特征与综合性学报并没有多少分别。比如创刊于 1955 年的《北京农业大学学报》的发刊词就是这样说的："我校刊行学报的目的，一方面是为了便于发表本校师生和工作人员的科学研究成果，推动本校教学与科学研究工作的前进；另一方面为了向校外报道我们的研究成果，供有关方面参考、研究与应用……"（《北京农业大学学报》，1955 年第 1 期）

　　造成这一现象也是有历史原因的。中国科学院的历史可以追溯到民国年间的中央研究院和北平研究院，在开国之前的政治协商会议上，科学家提出要建立新中国的科学院。科学家们在提案中建议："设立国家科学院，统筹及领导全国自然科学、社会科学的研究事业，使生产及科学教育密切配合。"1949 年 10 月 19 日，中央政府任命郭沫若为科学院院长，11 月 1 日，中国科学院作为政务院下的行政机构宣告成立。1955 年 6 月 1 日，中科院正式建立了学部，在四大学部中，哲学社会科学部名列其中。尽管中国科学院自此不再作为国务院行政机构的组成部分，从国家机构变成"独立的学术研究和领导机构"，但其作为国家科学研究中心的地位已不可动摇。因此，中国科学院在部署院内研究的同时，会更多地站在国家的立场看待学术研究，学部和分布于全国各地的专业研究所的建制更容易催生向所有学者开放的专业期刊。与中国科学院相比，高校之间互不统属，刚刚动了院系调整"大手术"的名校急于完成自身的重建和形象的重塑，那种"表学堂之内容"的综合性学报形式当然更受青睐。

于是，从20世纪50年代开始，学术期刊（学报）的传统在中科院和高校两个系统内在两个不同的向度上得到了继承，"裂变"就这样产生了。

"裂变"的后果在此后的30年中并没有清晰地呈现出来，这是因为这一时期的学报特别是人文社会科学学报的数量仍极为有限，一般大学图书馆的期刊阅览室可以毫不困难地将它们统统陈列出来，在学界基本没有传播障碍；更为主要的原因是30年中政治风云变幻莫测，政治运动接连不断，学术研究让位于政治斗争，很多学报自觉或不自觉地卷入了政治斗争的旋涡，与全国学术界一样，学报的学术性传统进一步受到冲击，而从为政治服务这一要求出发，综合性学报更切合那个时代的要求。"文化大革命"爆发后，伴随中国学术的沦落，从1966年到1973年，中国大学的社科学报出现了7年的空白。1973年后，少数著名高校的社科学报才得以与《历史研究》《哲学研究》等著名专业期刊一起复刊，但所发表的文章，几乎都充斥着政治斗争的味道，很多学报几乎就成了"大批判""批林批孔""反击右倾翻案风"的阵地，真正的学术论文极少。

改革开放以来的30多年中,发生于20世纪50年代的传统"裂变"的后果通过两类期刊的不同命运逐渐清晰地展示在人们面前。1977年5月中国社会科学院脱离中国科学院而独立,其在人文社会科学领域的影响迅速扩大,而它所拥有的专业期刊群为此贡献尤多。自中国社会科学院独立至20世纪80年代中后期,其以专业期刊为主体的学术期刊体系渐臻完备,而一如既往地开放办刊的方针使其在整个学术界特别是在高校中的权威地位逐步确立。如该院独立后最早创刊的专业期刊之一——《世界历史》就在致读者的信中诚恳地表示,"出版一个世界史学科的专业期刊,在我国还是第一次",要办好该刊,"需要全国世界史工作人才和爱好者的共同努力","衷心地希望广大作者和读者对本刊提出批评和建设性的意见,以便改进工作;同时欢迎大家踊跃投稿"。

反观高校学报,当学术研究和学科发展渐复正轨,与国际学术界的交往渐趋正常,一成不变的综合性、内向性和分散性格局让学报的使命与外在形式之间的矛盾开始显露并越来越突出,相应地,学报在学术界的地位也日益旁落。这一过程大致可以分为两个阶段:

第一阶段,从1978年到1998年。在这20年中,高校学报的数量有了一定的增长,1990年社科学报为388种,此后仍维持缓慢增长的态势;学报主要集中在名校和办学历史较为悠久、科研实力较强或办学特色较鲜明的高校;包括20世纪80年代新创办的学报在内,绝大多数学报基本上都保持了综合性和内向性的特征。也正是在这一时期,学报是本校教学和科研"窗口"、是本校各学科教师和科研人员"园地"的定位被普遍接受，故而内向性、综合性成为新创办学报的首选。比如创办于1984年的《上海大学学报》的发刊词这样说道："这个刊物（指《上海大学学报》——引者注）可以展示学校的科研成果，反映学校的教学、科研水平，推动和促进学校的教学与科研工作的开展；尤为重要的是，通过办好这个刊物，还可以发现和培养一大批中青年学术带头人，帮助他们健康成长，这是我校教师队伍建设中一个十分突出的问题，在解决这个问题中，学报应该也可以发挥重要的作用。"由于这一时期学报数量仍然有限，故学报的学术交流作用尚能发挥，名校学报学术声誉良好。但此时学报所处的环境毕竟已不同于二三十年代，随着大学数量和研究人员成倍增长，学科分工逐渐精细，到这一阶段的后期，即80年代末以后，综合性学报的问题开始显现，一批非高校的专业期刊的创设使学报固定读者逐渐流失，学报的学术交流功能开始萎缩。与此同时，著名学者逐渐远离了大学学报的编辑，这使得众多学报从稿源到审稿和编辑的质量变得难以保证。可见，到了第一阶段的后期，学报看似秉持了自身的传统，与历史上的学报似无两样，其实，学报传统中的学术交流功能已被弱化，而著名学者办刊的传统已然丢失，80年代末90年代初在学报界呼声渐高的所谓"编辑学者化"与此不无关系。

　　第二阶段大致始于1999年，一直延续至今。在这一阶段，我国学术研究的环境发生了巨大变化，至少体现在以下几个方面：第一，学术与政治的关系有了进一步的改变，学术逐渐摆脱了政治斗争工具的定位。第二，国家对学术研究的投入成倍增长，学术队伍不断壮大，研究体制也发生了深刻变化。第三，随着我国市场经济体制的确立，经济社会的转型对学术研究提出了更高的期望和要求。第四，改革开放加速了我国学术界与国际学术界的交流，国际学术期刊成为衡量我国学术期刊水平的参照系。然而，与学术环境已发生深刻变化不同，学报的体制、定位几乎没有任何变化，变化只是体现在数量上，学报在世纪之交进行了大扩容，至2001年社科学报达到了1130种，占据了全国社科期刊总量的三分之二以上，而今，更达到了创纪录的1300余种，在其他方面学报则依然故我。

第一，在学报结构方面，只有名校才拥有学报的格局被彻底打破，名校学报的数量几未增加，而一般院校均拥有了自己的学报，一校一综合性学报成为高校学报的固定格局。这样的扩容有其合理性，每个学校都有权利拥有自己的学报，这是毋庸置疑的。但随着精英教育向全民教育的过渡，大学的使命和功能已在发生变化，学报的定位与功能理应随之变化，然而，新增的学报基本沿袭了综合性的老路，这些学校在科研实力和学术声誉方面却无力与名校抗衡，照搬名校学报的学术定位，使这些新的学报一诞生就输在起跑线上，更遑论与专业期刊竞争了。优质稿源和读者的缺乏使"全、散、小、弱"的特征如影随形，始终难以摆脱，进而使整个学报界声誉不升反降，在90年代已显现的学报问题一下子被放大了许多倍，学术界对学报的批评之声开始出现。随着专业期刊的强势越来越显现，即使著名大学的综合性学报，其与学者的逐渐疏离也变得难以避免，并因此而显出了疲态，面临着如何进一步求发展的问题。

可见，传统的"窗口""园地"固然得到了继承，但当综合性学报的数量达到一定量级后，因其学科边界不清晰和内向性特点使其变成"千刊一面"，根本无法拥有自己的忠实读者，成了无人观望的"窗口"和专门留给本校教师自产自销的"自留地"。而中国社会科学院的专业期刊群则得到了学者们的无比青睐和重点关注，来自高校的最好的稿源纷纷涌向这些期刊，学报集中展示本校最优成果的特点也已不复存在。

第二，经过大扩容后，一校一刊的高校学报呈现更为分散而非聚合的样态，从而造成了制作的高成本和低效率；更严重的问题是，这样基本同质同构的学报根本无法形成与学科发展相匹配的合理的期刊体系，作者和读者都无所适从，也就无法形成以学报为中心的学术共同体。与此形成鲜明对照的是，中国社会科学院的专业期刊群周围，云集了全国最优秀的学者，而他们中的绝大多数均来自高校。

第三，新增的那些被深深打上主办单位学术烙印的学报不仅内向性的特点依然如故，而且成为法定形式，教育部和新闻出版总署都以正式文件的形式对此予以确认。教育部于1998年4月1日发布的《高等学校学报管理办法》第二条规定："高等学校学报是高等学校主办的、以反映本校科研和教学成果为主的学术理论刊物，是开展国内外学术交流的重要园地。"新闻出版署1998年2月13日发布的《关于建立高校学报类期刊刊号系列的通知》干脆直接规定："学报刊登的稿件，2/3以上是本校学术、科研论文或信息。"如此一来，高校间原本存在的门户壁垒变得更加森严，学报作为学术交流平台的作用被大大弱化。刘道玉先生就曾尖锐地指出："今日我国有哪一个大学的学报敢说自己完全是'全体学术界之公共刊物'？依我看，大多数大学的学报还是'同仁'刊物。"

第四，尽管产生了职业编辑队伍，但编研分离和综合性学报的编辑必须面对一个甚至几个一级学科使编辑的素质不可避免地出现了下降。当年《清华学报》《北京大学月刊》那样堪称"豪华"的编辑队伍，今天已不可能再现。

第五，与学报数量激增相伴随的是个刊发行量急剧萎缩，呈现出传播障碍，缺乏个人订户始终是学报的问题。

上述所有矛盾叠加后，造成了一个致命的问题——学者与学报日渐疏离。高校学报在总体上陷入了困境，这已是有目共睹的事实，来自学术界的批评可谓不绝于耳。学报僵化的体制、封闭的"自留地"式的办刊模式遭到了学者的痛批，甚至将学报指斥为"垃圾制造场"。这一切都明白无误地说明了学报早已告别了昔日的辉煌。

从以上分析可以看出，传统的"裂变"始于20世纪50年代，但其消极后果的显现却至少迟来了40年。这40年的光阴，足以让所有重新审视传统的机会流失殆尽，新一代的管理者和学报人多已不知什么才是真正的学报传统，而错把20世纪50年代以来在僵化的学报体制下逐步固化的高校学报模式当成了传统，殊不知，学报传统中最有价值的核心理念早已在那政治风云激荡的年代被彻底丢弃了，学报传统只是留下了过去的躯壳而已。

（此文与朱剑合作）

《文史哲》的独特道路：小综合、大专业

——祝贺《文史哲》杂志创刊六十周年

　　作为新中国第一家创办的高校文科学报，《文史哲》走过了六十年的光辉历程，在这漫长的半个多世纪里，《文史哲》形成了鲜明的特点和独特的风格，我将《文史哲》的特点和风格简单地总结为一句话，即"综合性与专业性的有机结合"。我认为这种特点是《文史哲》独有的，在全国社科期刊中是独一无二的，已成为《文史哲》独特的品格，正是这一品格使《文史哲》成为中国社科期刊界的一面旗帜。作为全国高等学校文科学报的代表，《文史哲》不仅是山东大学的骄傲，而且也是全国社科期刊尤其是全国文科学报的骄傲。

　　中国的学科期刊大体上可以分为专业刊和综合刊两大类，我做过这两种期刊的编辑，总的体会是，专业刊比较省心，因为专业刊容易得到专家的认可，有固定的读者群，但在学科交叉和跨文化交流日益增多的今天，专业刊也有一定的弊端；比较而言，做综合刊则比较费力，综合刊不容易得到专家和业界的认可，因为没有固定的读者群。大家知道，近年来中国的综合性社科期刊尤其是大学学报屡遭批评，就是因为学报过于综合，内容过于庞杂，文、史、哲、政、经、法各个学科无所不包，往往导致所发文章良莠不齐，以至于学报被认为是垃圾，来自

政府和社会的批评越来越多。在这种情况下学报不得不改革，力求改变现状。

在诸多学报面临发展瓶颈的情况下，《文史哲》却在专业刊和综合刊之间走出了一条独特的道路，我把它总结为"小综合、大专业"，从而闯出了真正具有中国特色的学术期刊的发展之路。说"小综合"是因为她不像中国绝大多数综合性期刊那样无所不包，《文史哲》主要发表文、史、哲人文学科方面的文章。记得几年前也有人主张，《文史哲》要走大而全的路子，对此我提出了担忧，好在我的担忧并没有成为现实，编辑部的同行们顶住了压力。"大专业"是指《文史哲》办刊风格与中国传统文化的精神和内容相契合。大家知道，分科学术是20世纪以来从西方引进的学术规则，这种规则已经成为中国学术的重要组成部分。不能否认这种学术规则对中国从传统向现代的转变，对中国的现代化进程以及中国学术同西方学术接轨起到了巨大的作用。但是这种结合也对中国文化造成了极大的伤害和割裂。我们通常所说的文史哲融会贯通或文史不分家是中国传统学术的精髓，因此中国学术要立足中国并走向世界，就必须在分科学术的基础上进一步融合，回归到大专业的传统之中去。而《文史哲》独具的这一特点，在未来中国学术发展和创新以及走向国际化的过程中，必将发挥更大的作用。

六十年来《文史哲》取得成功的经验主要有以下几点：

第一是坚持学者办刊。《文史哲》从创刊起，历届主编都是著名的学者，我想这是《文史哲》能够持续产生影响的主要原因之一。主编的眼光和学识对杂志的发展具有决定性的影响，而学校能够让知名学者做主编，尤其是让那些具有个性的学者做主编，让他们放手去做，这需要校领导极大的魄力。在现行的政策体制下一般学校很难做到，即使做到也很难长时间做到，而山东大学做到了。从这一点来说，我认为山东大学的做法是值得其他大学学习和借鉴的。

第二是《文史哲》积极介入乃至引导学术潮流。在这方面，全国任何其他的杂志都不能与《文史哲》相提并论，正是因为这样，《文史哲》才在全国的期刊界享有盛名。比如，"文化大革命"结束以后，中国思想文化界关于传统文化的大讨论，我们80年代过来的人都非常熟悉，起点就是因为《文史哲》。而近年《文史哲》发动的几场大讨论，如"儒学是否是宗教"和"疑古与释古"的讨论同样非常引人注目。这两场大讨论至今仍在继续，在学术界产生了持久而深远的影响。从去年开始《文史哲》又开辟专栏，再度提出了中国社会形态问题的大讨论，其理论意义和现实意义都非常巨大。这一讨论对历史学界至今尚未完成的拨乱反正将起到巨大的推动作用。而这一讨论的意义在不远的将来会充分地显现。

第二是严把质量关，尽最大可能杜绝人情稿；通过"扶植小人物，延揽大学者"，团结了一大批学术界的精英人物，从而使稿源有了充分保障。

第四是精兵强将组成编辑部。

最近《文史哲》成为中国高等学校人文社科期刊唯一入选中国出版政府奖的刊物，这不仅是山东大学的光荣，也是全国高校学报的光荣！

人们常说，一流的高校必须有一流的期刊。我想山大人可以自豪地说，我们已经拥有了一流的期刊。山东大学是一所历史悠久的著名学府，又坐落在齐鲁大地、孔孟之乡，在今后迈向世界一流大学的过程中，人文学术一定会有助于山东大学的腾飞，《文史哲》杂志也必将发挥更大的作用。作为一名老编辑，我从内心里喜欢这份杂志；作为一名老读者，我从这本杂志中受益匪浅。我衷心希望《文史哲》越办越好，争取更大的辉煌！

君子尊德行而道问学

——评袁玉立《问题与问学》

　　袁玉立将他30多年来的文章结集出版，书名《问题与问学》。这个书名引起我的极大兴趣。哲学出身的他之所以取这个书名，本身就有很深的寓意，我揣测包含有三层含义。第一层，强调做学问要从发现问题着手，而不是从教条或教义出发；第二层，确定要解决的问题后，要对问题进行合理的阐释以及深入细致的研究；第三层，在对所发现问题进行研究、得出初步结论之后，再进一步引出新的问题。此大概即古人所云"君子尊德行而道问学"吧？如果我的理解不错，学问的进路大致也应该如此。

　　中国传统文化具有永久的魅力，在文化传承日益受到重视的今天，中国文化中的哲学智慧愈益显示出其独特的价值与作用。玉立君对中国古代哲学有过深入的思考和研究，他写的文章尽管数量不多，但选题以及提出的见解却极有创意，对今天极具借鉴价值。我尤其感兴趣的，是他对中国传统文化核心概念之一"中庸"的解释。众所周知，"中庸"是儒家文化的核心命题之一，但对这个概念的理解，却困扰了中国人几千年。我清楚记得，在20世纪一段特殊的年代，"中庸"居然被作为孔子的罪状之一大加挞伐，可我们当时却根本不理解其中的含义。当代学者对这个概念也众说纷纭。在诸多的释义中，我认为玉立君的解释别具一格，他非常巧妙地直接用一个现代的概念，就将"中庸"的含义表达得既清晰又透彻，而这个概念就是"实事求是"，这真是出乎我的意料！这个独特的解释引起了我极大的好奇心，因为"实事求是"是当代中国政治话语的一个非常重要的概念，用它来解释中国的核心问题的确闻所未闻。玉立君认为，所谓"实事求是"，就是从天人之际万事万物中求中（执中）、求和（致和）、求诚（诚之），并认为这就是"中庸"的认识论的合理性基础，我们祖先作为中庸义理的求诚达道之学，其精神实质是实事求是；孔子的全部学说，如果我们用"中庸"或"允执其中"的观点看，可分为"正己"和"正人"两个部分。"正己"主要解决主观世界的认识和改造问题，"正人"则主要解决客观世界的认识和改造问题，而"正己"是"正人"的前提，"正人"是"正己"的目的，"正己"的关键是"正心"，"正人"的关键是"正名"。自晚明以来，实学思潮主导了知识分子的学术追求，学者的解释也逐渐偏离了"中庸"是原初本义，这主要由外在的危机而引起，及至当代，有了"实事求是"的新提法。看了这样的解释，我不仅对"中庸"有了全新的理解，更是对"实事求是"有了更全面的理解。由此想到，很多当代的新概念，完全可以用中国传统文化的一些核心概念和核心观点来解释，这样得到的解释，不仅含义深刻，而且能真正成为符合中国国情的新理论。

　　社会学问题是玉立君关注的第二个领域。哲学出身的他研究社会学，决不是满足于当票友，而是扎扎实实下苦功夫，并取得了非常突出的成绩，有的文章居然在社会学最好的杂志上发表。他既关注理论问题，也进行具体的实证研究。其中发表于《社会学研究》的《传统农村地区商品经济意识的形成与强化》一文，无论从研究方法、框架设计，还是从研究结论等各方面来看，都达到了相当的高度。另外，他对生活质量、人际关系、职业教育等问题的研究，也有独到的见解。有一篇文章值得特别提出，即《知识分子：引领社会全面发展》，这篇文章全面论述了知识分子在当代社会发展中独特而不可替代的作用，指出作为工人阶级最优秀部分的知识分子如果不能成为社会发展领导力量的话，那就不能真正体现工人阶级的领导意义；这种地位和作用同执政党在一切工作中的"领导核心"是一致的，因为这个领导核心恰恰主要来自优秀知识分子；也正是在此意义上，执政党才代表了先进的生产力、先进的文化和最广大人民群众的利益。

期刊是学术成果的主要发布阵地，是学术链条的重要组成部分，但由于多种多样的原因，期刊研究在我国并未得到应有的重视。在中国特殊的学术环境下，期刊研究主要是由期刊界同人来做的。关于学术期刊，玉立君从不人云亦云，他有很多自己的见解。比如，学者普遍认为，学术期刊是学术界的一片净土，其纯学术性的特点决定了它不问学术以外的目的，不做学术以外的事情；学术期刊发行量少、阅读者少，这正说明它不向市场媚俗，坚持了自己的使命与尊严。对于此类看法，玉立君颇不以为然。他引用梁启超"学者术之体，术者学之用"以及严复"学主知，术主行"等经典论述，认为学术乃是体用结合、知行一体的集合概念，其本性在学术期刊中至少表现出两个特点：一是由其科学性推出的探究事物的创新性，二是打上丰富的社会实践与社会利益烙印的时代性。也就是说，学术期刊既需要接触社会，也需要社会认识自己。尽管我不完全赞成此观点，但对他的严密论证，我是十二分佩服的。学术评价问题是目前学术界极为关注的一个重要问题，而学术期刊在学术评价中又起着非常重要而独特的作用，因此值得深入研究。

最后，不得不提及的是，玉立君主持《学术界》多年，不仅将这个杂志办成了具有全国影响的学术期刊，而且在学术上也多有发明，真正做到了"学而优则编""编而优则博"，是一位名副其实的学者型编辑、学者型主编。

（袁玉立：《问学与问题》，安徽：安徽人民出版社，2012年）

期刊界的带头大哥

——张耀铭《学术期刊与学术创新》序

与张总交往超过20余年，我们之间始终是亦师亦友的关系。毫无疑问，张总首先是我尊敬的老师，方方面面都是。但是，在我心目中，他更是我的大哥，也是我最为敬佩的大哥。

记不得是哪年与张总认识了，也不知怎么就成了无话不谈的朋友。他比我年长几岁，作为编辑同行，当我刚入道时，他已经成为编辑行当的名角。张总在中国非常知名的出版社工作，后来又在影响非同一般的杂志社工作，这使他有机会施展自己的才华和影响力。我毕业后懵懵懂懂从上海来到北京，误打误撞当了编辑，又有幸到了代表全国哲学社会科学最高水平的学术期刊编辑部工作。这种机缘巧合，让我们的交往既有现实基础，又有很多戏剧性。

我与张总交往逐渐增多、关系逐渐加深，是在他主持《新华文摘》之后。我当时在《中国社会科学》杂志社，除编辑《历史研究》外，还负责杂志社总编室的部分工作，因此我们有机会在各种学术会议场合见面。我俩更深入的交往，应该是在2000年之后。大约在20世纪的最后一年，杂志社接到上级一个重要任务，要办一个学术文摘期刊，刊名响亮得很，叫《中国社会科学文摘》。当时总编辑秦毅特别忙，于是委托我来办理。

从申请刊号，到筹备创刊，甚至具体的版式设计，我全部亲自操作，这事耗费了我大量时间，也是我当年最投入的一项工作。因为没有办文摘期刊的经验，所以当时《新华文摘》和《高等学校文科学术文摘》就成了我学习的主要榜样。正式创刊前，我去拜访张总，请他支招，他毫无保留告诉我很多的经验教训，让我受益匪浅。当时我被任命为《中国社会科学文摘》的常务副主编，因为年轻，因此想法非常简单：一定要多转载有真正创新的学术论文，以及引起争议的学术观点，不能办成平庸的期刊。因此，创刊伊始，《中国社会科学文摘》就在学术界引起很大反响，逐渐得到了学者的广泛认可。现在想来，那时因为阅历少，无所畏惧，所以敢作敢为；也应该感谢那时较为宽松的环境，学术杂志及学者都较少束缚，因此能在文摘期刊集中展示学术界最感兴趣、最具创新性的观点；当然，还应该感谢老朋友的支持，尤其是张总。

　　现在三大文摘已经成为学术评价的重要指标，很多学者以被三大文摘转摘为荣，很多高校也给被转载的学者重奖。当然，在三大文摘中，《新华文摘》是龙头，至今无人能够撼动。其中的一个小插曲让我终生难忘。在一个周末，张总给我打电话，说要来我家聊聊，可把我惊着了！我说我去拜访他，但他不肯，坚持来我家。聊的具体内容已经模糊，但肯定与《新华文摘》从月刊改为半月刊有关系，更与《新华文摘》是不是可以更多关注学术有关。现在我们敢说，当年《新华文摘》改革是非常成功的，是《新华文摘》历史上的一个大举措，了不起。可在当时，刚担任总编辑不久的张总敢冒如此大的风险，真不是"一般人"所能做所敢做的！因为当时《新华文摘》的生存在很大程度上依靠市场，如果发行量下降，势必引起利润下降，无论在人民社，还是在编辑部，张总都脱不了干系，势必成为千夫所指。现在看来，张总的举措胆大而又心细，步步稳扎稳打。改刊后的《新华文摘》不仅影响力大增，利润大增，而且在学术界的影响也越来越大。

我从 2000 年开始创办《中国社会科学文摘》，到 2005 年调入清华大学，在这五年多的时间中，我与《新华文摘》及老张的接触越来越多。尽管办这样一本新杂志耽误了我很多时间，耗费了我很多的精力，但我从不后悔。正是因为有了《中国社会科学文摘》，学术界才有了"三大文摘"之说。更重要的是，《中国社会科学文摘》的创办及在学术界影响的迅速扩大，可能也促进了《新华文摘》的改革，而张总的魄力以及敏锐的判断和感觉，成就了改刊后《新华文摘》的辉煌。不仅如此，《中国社会科学文摘》的创办，更是直接影响了《高等学校文科学术文摘》。此刊原名《高等学校文科学报文摘》，2003 年改今名，总编辑姚申与我和老张也成为最好的朋友。

上面我提到，张总之所以把《新华文摘》改为半月刊，主要意图之一就是可以有更多的篇幅摘发学术文章。这一方面说明张总的眼光高远，意识到尽可能多地摘发学术文章，可以吸引更多学者的注意，是提升《新华文摘》品味的一大关键；同时，这也是张总的个人情怀，因为他对学术研究的兴趣一直浓厚，难以割舍，尽管总编辑工作极其繁忙，但他总是想方设法撰写学术文章。张总毕业于复旦大学历史系，受过良好的学术训练，他既能撰写专业的学术论文，又擅长写报告文学、散文、随笔，多才多艺，这一点让我佩服得五体投地。

在一般人看来，编辑类似一个文化经纪人，是给别人做嫁衣裳，因此尽管很多人对编辑非常客气，但骨子里却常看不起。关于这一点，我与张总都有同样的感受和清醒的认识。他经常提醒我，千万不能做一个眼高手低的编辑匠，要注意提高自己，要有自己的研究专长；无论在什么场合，都要尽量表达新内容、新观点，绝不能走过场，当摆设。张总的教诲让我受益良多，也是此后我一直提倡和鼓励年轻编辑一定要做"学者型的编辑"的原因。当然，做到这一点不容易，因为编辑毕竟是第一职业，只有付出比别人更大的努力和辛苦才能做到。

尤其让我敬佩的是，张总从总编辑岗位退下来后，学术成果呈井喷之势！比如，关于学术规范与学风问题研究，他撰写了多篇文章，在学术界引起极大反响；为了支持青年类期刊，他专门研究青年学；为了探究最前沿问题，他去研究人工智能；为了研究期刊数字化，他解剖各大数字平台的数据；为了了解一本杂志，他看完了该杂志所有文章。这种坚持探究、刻苦钻研的精神，真是我学习的好榜样，真不愧是我的好大哥！

我羡慕张总的胆识和学识，我更羡慕张总的人品和涵养。

张总是智慧型的总编辑，正是因为他那超人的智慧，使《新华文摘》在他掌舵期间安全航行；张总更是有魄力的总编辑，别人不敢转摘的文章，他敢。因为他深知，四平八稳的杂志尽管可以确保官位无忧，但读者和市场却不一定买账，而《新华文摘》一旦失去了市场，在某种程度上可能也就失去了存在的价值。正是在张总的驾驭下，《新华文摘》在改刊后的十几年，社会效益和经济效益双赢，这真不是"一般人"所能做到的。

张总作为《新华文摘》的资深总编辑，朋友多，聚会场合多，这不是什么稀奇事。但是，你能相信在很多场合是张总自己买单吗？估计很多人不相信。可张总就是这样的人！在北京，我参加过多次张总召集的聚会，这些聚会多半是张总自己买单。作为一个山东人，我最佩服的不是山东人，而是这位山西人，他的豪气侠气，使我这个山东人自愧不如。还有一些事情，让我敬佩不已，比如最近十几年，我们经常一起外出，他所到之处，从不提要求讲条件；相反，他经常设身处地为对方着想，为对方做事，尤其是经常设法为地方期刊争取有利的办刊条件。

《新华文摘》总编辑所到之处，完全可以呼风唤雨。但张总从来都非常低调，那种平易近人的处世风格，既使他获得了很高的社会声誉，更拥有了很多真诚的朋友。一个显而易见的事实是，很多人退休后便门前冷落鞍马稀，但张总退休后却是各种讲学、约稿邀请不断，这让很多人啧啧称奇。朋友都知道，张总退休后已不再过问具体编辑工作，因此朋友们都不是奔着《新华文摘》邀请张总的，是张总的人格魅力和学识吸引着大家。

老张是我最为敬佩的总编辑，更是我贴心的大哥！

（张耀铭：《学术期刊与学术创新》，大象出版社，2021 年）

学报界的最强大脑

——朱剑《雾里看花：谁的评价，谁的期刊》序

朱剑让我写个序。我明知这序不好写，但我没有推辞。为何？因为我觉得除我以外，大约没有更合适的人选了。这话听起来颇不自量，似乎有点狂。但与我俩熟悉的朋友，大约可以理解，也不会说我狂妄，因为我说的是实情，无一丝狂妄之意。

我 2005 年到学报工作，至今已逾 12 年，但与学报界的诸多资深同行相比，我在学报界的资历不算深，因为在学报工作超过 30 年的，大有人在。也就是在 2005 年，即在我调动之前不久，有幸认识了朱剑。当我开始有调动工作的想法并征求朋友意见的时候，第一个明确反对我从《历史研究》调到《清华大学学报》的，就是朱剑。尽管他当时反对的理由没有细说，大约那时我俩尚未发展到无话不谈的火候，但是后来我终于理解了他为何反对我调动。当然，工作调动纯粹是我个人的私事，我有自己的考虑及需要，但从学术研究以及期刊发展来看，他不赞成我调动有充分的理由，这与他对期刊的思考和理解是一以贯之的。关于这一点，我后来的体会越来越深刻。

初到学报工作，特别不适应，因为专业期刊和综合性期刊的风格差别实在太大。专业期刊尽管也是水平参差不齐，风格多样，但相对来说特点鲜明，读者和作者对象相对明确和固定。

在我接触了大量综合性学术期刊尤其是学报之后，其差异及混乱程度还是超出了我的想象，一度对学报极其悲观。那时我开始明白，朱剑劝止我调动工作，是诚心诚意的。从此，我开始注意他的一言一动，向他学习。

综合性学术期刊的问题非常多。比如注释方式，那时绝大多数学报采取的是的"中国学术期刊（光盘版）检索与评价数据规范"（CAJ-CD/T1-1998）格式，这个只是为检索和统计方便而制定的注释规范，完全违背学科研究范式，尤其不符合人文学者的研究习惯。可是，这样的格式竟然堂而皇之成为基本推荐规范，并在全国学报及其他综合性期刊上大力推广实行。如此之荒唐，是我无论如何无法容忍的！因此我主持《清华大学学报》后的第一项工作，就是废除上述注释规范，而改为《历史研究》及《中国社会科学》的注释规范。我的这个做法首先得到了朱剑的理解和坚定支持。此后，我和多位志同道合的期刊同行组织召开了编排规范学术研讨会，越来越多的期刊抛弃了光盘版规范，注释方式向各学科研究范式回归。以此为标志，开始了我们十几年的合作和友谊。

朱剑第一篇标志性且有影响的文章是《徘徊于十字路口：社科期刊的十个两难选择》（《清华大学学报》，2007年第5期）。尽管他没有将此文选入论文集中，因为他私下对我说，此文有些观点过时了，但我认为这是一篇非常重要的文章，不选有点可惜。一是此文首次全面指出了学报（其实不限于学报）的多种疑难杂症，比如综合性还是专业性、全面出击还是有所取舍、开门办刊还是自我封闭、依靠专家还是编辑办刊、重选题策划还是重文字编校、匿名审稿还是编辑审稿、执行编排规范还是执行评价规范、重评价指标还是重独立风格、纸质版还是电子版、面向市场还是拒绝经营等，这些问题困扰了学报几十年，很多问题至今仍未化解；二是此文开启了学报界讨论期刊改革问题的高潮，带动了学报界同行的深入思考，为此很多学报设立了专门的栏目；三是此文标志着朱剑以学者和主编的双重身份，开始全面深入思考中国期刊界和学术界存在的种种问题，此后他文思泉涌，不可阻挡，连续发表了多篇有关期刊改革及学术评价的重量级论文。

我说撰写本书序言非我不可的重要原因之一，还因为朱剑的论文大多是我逼出来的，我几乎清楚他的每一篇论文的生产经过。朱剑喜欢说，喜欢辩论，但不喜欢写成文字，这让我很着急。于是，我就经常逼他写，明确告诉他某期留了版面，必须完成任务。有时已到二校样，他仍然没有交稿，把我急得够呛。当然，他每次都没有让我失望，更没有让我开天窗，而且每次都写得非常漂亮。说到这里，我应该先向大家再交代几句：朱剑的文字功底极好，几乎无需编辑费心；他的排版技术一流，每次都是自己排好版，也不让我们的技术人员费心。我想，即使他与我没有任何关系，他不做主编，而纯粹作为一个作者，他一定也是一位最受杂志社欢迎的作者。

还有，作为《清华大学学报》的负责人之一，我对朱剑充满感激之情。因为他的绝大多数精彩的论文都发表在《清华大学学报》上，这些论文为《清华大学学报》赢得了声誉，产生了广泛的影响。我到《清华大学学报》主持工作后，便设立了

"期刊与规范"（后改为"期刊与评价"）栏目，这个栏目之所以能够长期坚持，最主要的就是因为有朱剑的支持。如果朱剑不写文章，没有这么多精彩观点的阐发，这个栏目不可能办，或者即使能办，也不可能长久，不可能如此出彩。

朱剑的文章集中发表于2007—2018年这10年左右的时间，而这10年是大陆学术期刊发展变化最快最多的10年。他的关注点主要集中在学术期刊与学术评价两个方面，因此论文集也就分为上编学术评价和下编学术期刊两个部分。众所周知，中国的学术评价实际就是期刊评价，因此这两个部分实质上是无法截然分开的，上下两部分有紧密的逻辑关联。

朱剑之所以在10年间写出如此之多的高水平论文，既是因为他有扎实的知识积累、长期的认真思考和丰富的实际工作体验，更是因为他有很强的使命感和责任感。他希望中国的学术期刊和学术研究能够走出目前的困境，希望中国能够办出高水平的学术期刊，并走向世界，从而带动中国学术的发展。为此，他不断地鼓与呼，不断地阐发新的想法。朱剑的论文如此之重要，影响如此之大——如果忽略了他的研究，这个时段的学术期刊和学术评价的学术史是否会有所逊色？这么说，我认为一点也没有夸张。如果不信，就请读读他的文章，或者就读其中一两篇也可以，我相信不会让你失望的。

就我与朱剑十几年的交往，感觉他撰写这些主题的论文，是基于以下三个方面的动因：一是因为中国学术期刊的痼疾，尤其是综合性学术期刊的痼疾，最典型的是高校学报的痼疾。简单说，包括学报在内的综合性期刊的根本缺陷，是其内容的庞杂、边界不清，表面上看各学科无所不包，而实质上却是与学科发展和学术界的实际需求脱节，不符合学术研究的规律，也自外于国际学术界和国际期刊界。对此，朱剑的分析非常全面、深刻。二是目前中国的学术评价本质上只有所谓"量化"的期刊评价，学术期刊本来只是学术媒介和学术平台，而今却背负了学术评价的责任，学术评价将学术期刊分成三六九等，给学术期刊的发展带来诸多的问题。朱剑对学术评价进行了深入研究，提出了很多精彩的观点。三是中国的学术期刊在发展过程中与现行体制的关系复杂，为此，朱剑同样做了非常深刻的思考，为有关部门、为学者、为同行提出了很多有参考价值的意见。以上三点也足以说明朱剑的使命感和责任感之强。

朱剑还有一个非常可贵的优点，即他努力把理论与实践结合在一起。在我们交往的这十几年中，我们一起做了很多有意义、值得回忆的事情。比如关于期刊数字化，我们做了两次有重大意义的尝试，一次是2011年创办的"中国高校系列专业期刊"，另一次是两年前开始尝试的"域出版"。这两次尝试共同的特点是，先酝酿和提出理论，反复讨论，提出思路，然后再设计出具体方案，而这个过程的设计师就是朱剑，他的理论和思路就体现在他的论文中。我所能做的，就是与朋友们一道，将朱剑的理论和方案去实施。从这一点来说，我们两个是非常好的搭档，或者可以说是黄金搭档。当然，基于各种各样的原因，这些理论和探索并不是十全十美，有时会遇到挫折，有时会推倒重来。在这个过程中，我们分享成功的喜悦，分担失败的痛苦，但最让我们欣慰的是，我们收获了友谊，结交了朋友，带动了业界的深入思考。

文如其人，这一点在朱剑身上得到了充分体现。朱剑的文章，逻辑思路简明清晰，揭示问题敏锐深刻，分析研究扎实可靠。所以，他的文章广受欢迎，尤其受到年轻朋友的欢迎和追捧。在工作和生活中，朱剑为人正直，敢说敢做，不计较个人得失，因此，他具有强大的人格魅力。基于前者，年轻朋友把他誉为学报界的最强大脑，甚至被称为学报界的"教父"；基于后者，他被称为学报界的"男神"，魅力四射。我想，这两个称呼，他是有资格担当的。

是为序。

（朱剑：《雾里看花：谁的期刊谁的评价》，社会科学文献出版社，2018 年）

学术评论：确立健康学术评价机制的基础

——祝贺《历史学评论》创刊

翻检欧美一流学术期刊，我们不难发现，期刊除发表学术论文以外，一般会有很大篇幅发表学术性书评。而国内只有极少的学术期刊会发表书评，这其中的原因非常复杂，既有国内学术气候的原因，也有期刊评价机制的原因。笔者多年前供职某著名学术期刊时，曾因该刊每期都发表多篇八股式书评，经常受人非议，而倡议取消了此类书评，只发表极少的论文式书评。不曾想这种做法影响了众多的学术期刊，加上这些学术期刊为了提高影响因子，正欲减少发文量，因此正常的学术书评在很多高水平学术期刊上几近绝迹。为此，我心里极为纠结，甚至有些内疚。因为我的原本目的并不是要彻底取消书评，而是为了改变学术界根深蒂固的吹捧式八股书评的写作传统；而今，泼洗澡水却连孩子也一起扔掉了。好在还有专门的读书报和图书期刊在不懈地做这方面的工作，这使得自诩为学术界正规军的学术期刊很难为情。

近年来，大家都逐渐意识到了目前学术界存在的诸多问题，其中一个最尖锐的问题就是学术评价。在欧美学术界，学术评价似乎没有成为一个需要特别要关注的问题，但在中国大陆，却成为特别重要的问题。我想这肯定不是在同西方学术接轨时所造成的，而是在同我们本土的体制接轨时所造成的。其中原因非常复杂，我们没有能力深究，但既然成为问题，我们就只好面对，并找出解决问题的办法。

目前学术界对学术评价机制的批评不绝于耳，观点莫衷一是。我认为一个非常重要的原因在于缺乏科学而充分的学术评价，简单地说，我们每年生产海量的学术论著，以至于几乎任何一领域的研究者在开始自己的研究之前，都无法查阅尽所有相关的研究成果；更要命的是，我们也无法知道哪些论著有价值、有新见，哪些是炒冷饭。

与社会科学学科相比较，包括历史学在内的传统人文学科带有更多的本土特点，完全同国际学术接轨有些困难。以历史学为例，传统历史学论文往往直接从材料入手，以为从材料中就可以直接发现问题，而较少顾及其他学者的研究，也就是说较少进行学术史的仔细梳理。所以我们很容易发现，与经济学、社会学等学科比较，历史学论文较少征引同行的研究成果，更少评论同行的研究成果，由此也造成历史学专业期刊与社会科学学科专业期刊影响因子数据的巨大差异。比如，《经济研究》复合影响因子达到 11.555，《历史研究》复合影响因子只有 1.146，二者相差居然整整 10 倍。这显然是学科特点以及不同学科研究习惯所造成，绝非代表《经济研究》的学术水平比《历史研究》高 10 倍。这一方面提醒我们要充分尊重传统人文学科的研究习惯和传统，比如文章注释就不宜采用作者年形式，等等；但是另一方面，我们还要提倡和鼓励传统人文学科向社会科学学科学习一些好的研究方法，比如要重视学术史回顾，要重视同行的研究，等等。稍稍值得欣慰的是，国内的硕博历史学论文一般都有学术史回顾与评价部分，并已成为研究范式，这是符合学术规范而且真正与国际学术接轨的，年轻一代的人文学者已经逐渐接受了这一研究范式。

总体而言，传统人文学科的学科特点以及较为保守的研究方式，造成了人文学科在现代学术评价制度下的不利地位。但是，我们也不必过于悲观，这种状况不是不可以改变的。中国社会科学院历史研究的学者们就意识到了这个问题，他们曾试图依托《中国史研究》和《中国史研究动态》这两个杂志来推进历史学的评论，但难度相当大。因此，他们在2013年推出了《历史学评论》（社会科学文献出版社，2013年11月出版），这本集刊甫一问世，即在历史学界乃至整个学术界引起巨大反响。

《历史学评论》第一卷的创刊词极为精彩，尖锐批评了现行学术评价体制的弊端，指出一个学科的进步，离不开学术评论以及不同观点之间的交流，如果只允许发出一个声音，必将把学术研究变成死水一潭，判定学术上的高下是非，绝对不是来自权威的评判，更不是来自行政部门的鉴定，只能通过学术共同体的切磋和对话来达成。创刊词还针对历史学科的特点，指出展开历史学评论的重要意义和迫切性，委婉批评历史学者大多只关注自己的研究课题，不注意本学术领域发展的大趋势，更多地拘泥于对既有的研究选择，将精力投入到狭小问题上，而对支撑历史研究的史学理论和史学方法缺乏思考。正是因为以上的原因，自新历史学诞生以来，支撑历史学研究工作的一些理论几乎都没有产生于拥有五千年文明史且有最悠久史学传统的中国；至于史学评论，更是中国历史学界的短板。创刊词批评的是历史学界的情形，其实这也是中国学术界的典型写照，是中国学术界的重大缺陷。

笔者长期关注学术评价这一问题，并因此而申请了教育部专项课题"学术期刊协同创新与人文社科科研评价体系构建"，目的就是呼吁人文社科学术期刊共同要重视学术评价问题，更希望专家学者重视这个问题，其中后者更为重要。

最后要提及的是，《历史学评论》第一卷发表了多篇学术含量极高的文章。其中李振宏长达 10 万字的宏文《六十年中国古代史研究的思想进程》，通过对学术主体最隐秘的内心世界的考察，即对历史学自身思想状况进行深入解剖，梳理了六十年中国史学发展的历程；罗新的论文《内亚视角的北朝史》，定宜庄与美国学者欧立德合作的论文《21 世纪如何书写中国历史："新清史"研究的影响与回应》，王和的书评《关于"中国路径"源头问题的新思考——〈中国古代国家起源与形成研究〉的意义与启示》，无论在研究视野还是在观点创新方面，都给人以启示。尤其难能可贵的是，上述论文都是学术评论的典范之作。

论文写作中的学术伦理问题

文字表述能力是人文学者论文写作起码的要求，也最能考验作者的基本功。但我们发现一些年轻学者在经过了硕士、博士阶段并进入研究领域后，仍旧缺乏最基本的写作功夫，这成为很多杂志编辑主编最为头疼的问题。很多编辑非常认真审看年轻学者的论文，也愿意发表年轻学者的论文，因为年轻人的文章有锐气、有新看法。然而，其中有不少论文，编辑认为选题不错，作者思路也多有可取之处，但是最后却因为论文写作水平不高、语言表达能力太差而被拒。不少主编和编辑为此而苦恼：全退吧，杂志可能面临无米下锅的窘境；不退吧，文章修改特别费劲，很多被选用的文章，编辑在修改过程中经历了难以名状的痛苦；更要命的是，编辑部可能因此而背上排斥年轻人投稿的恶名，着实冤枉！

上述这些都是显性问题，年轻学者经过一段时间的磨练及学习，写作能力是能够提高的。如果一篇论文观点新颖，具有很多的独创性和发明，尽管文字表述水平差一些，但在编辑的帮助下也有可能顺利发表，不少学者有过这样的经历。然而，如果作者不仅语言功底差，而且还存在某些违反学术伦理的情况，那么文章可能会被直接枪毙。

我所说的学术伦理，其实是一些深层次的学术规范。因为很多的学术规范并不是显性存在，也许有些文章没有被编辑或审稿专家审查出来，这些文章可能能够蒙混过关并发表出来。然而，从研究者的学术发展前途来说，这种做法很危险，绝不可取，往轻处说，这是马虎粗疏；往重处说，这是违背学术规范，学者很可能因此而断送自己的学术前途。因此，学术伦理规范问题是比语言文字表达更深层、更重要的一个问题，是需要年轻学者认真遵守的最基本的学术规范。

就我个人看稿、编稿、审稿及从事研究的经历，可以将学术伦理失范大致归纳为以下几个方面。

其一，引用史料的不诚实做法

所谓在史料上弄虚作假或不诚实，一是指伪造史料，比如有人伪造先秦时期的竹简，文物市场上充斥大量仿制的明清民间契约文书，以及伪造现当代人的日记，等等，但这种造假比较容易被专家识破，对学术研究的负面影响有限；二是指引用资料集或直接引用二手文献，但作者在引文中并不说明，而是直接标注引自原始文献。关于第一种弄虚作假，学术界一般比较警惕，这种彻头彻尾的造假或早或晚被大家识破，所以对学术研究造成的负面影响比较有限。我这里所说的弄虚作假主要指第二种，这是一种比较隐蔽的弄虚作假，所以我称为"不诚实"，是历史专业研究人员所忌讳并深恶痛绝的一种做法。可是，这种做法在学术界比较常见，尤其是在青年学者中常见。

我发现，直接引用二次文献或资料集却标注引自原始文献，在近年的看稿审稿过程中越来越多。比如我曾给一个著名期刊审看一篇中外近代贸易史方面的文章，文中大量引用19世纪的

英文文献及海关报告，全标明引自原始文献。但我们知道很多
19世纪的英文文献，国内一般图书馆都没有，相关的海关报告
也没有全部整理出版，因此我怀疑作者是引自姚贤镐先生编的
《中国近代对外贸易史资料》。于是，我挑选其中重要的几条
史料核对，果然不出所料。这让我怀疑此文所引其他材料的真
实性，以及作者对别人观点的引用是不是也存在这样的问题。
最后，我完全否决了这篇文章，匿名评审意见写得非常严厉。

　　比较而言，在史料运用弄虚作假方面，引用资料集充作原
始文献算不是最糟糕的，另外两种做法更让人嗤之以鼻。一是
直接从别人论著中引用，即直接引自第二手文献，却不标明转引；
二是从百度或维基百科上搜索出来，就直接引用。作者之所以
不敢标注，是因为他们自己心里非常明白，严肃的学术期刊是
不会接受这样的文章的；事实也正是，编辑或审稿人如果看到
文章的重要资料转引自常见典籍或其他人的论著，多数情况下
会直接退稿。为何？学者对史料的理解非常重要，而对史料的
完整理解必须建立在对史料整体的把握之上，不去查阅原始文
献，不认真通读原始文献，难免会断章取义。

　　其二，使用材料的非科学态度

　　确定选题、构思大致框架之后，一般是广泛阅读和收集资料。
在这个过程中，既重点收集能证明自己观点的资料，又要根据
资料的情况随时调整修改自己的思路和观点。所以我们经常有
这样的经历，文章最初的构思与最后成文，往往差别极大。更
常见的情况是，硕士或博士论文开题与最后完成的论文，也是
往往差别很大，甚至是面目全非。这是因为，我们建构论文框

架的初期，往往是理论先行、观点先行。而在接触大量的资料后，会发现部分构想能够成立，有足够的资料支撑；同时也可能会发现，有些构想不仅找不到足够资料的支撑，反而可能有大量与自己观点不同甚至与自己观点相悖的资料。因此，论文的初步构想与最后完成的论文差别极大，是非常普遍而正常的现象，也是学者提高自己学术水平的重要过程，相信很多学者都有这样的治学经历。

但是，我们也碰到这样的情况，即有些年轻学者在论文写作过程中故意回避对自己不利或与自己观点相反的材料，而专门挑选能证明自己观点的材料。关于这个问题，李伯重先生归纳为"选精"与"集萃"。李先生以被很多学者认可的"江南农业革命"为例，指出这个结论的得出，就是因为一些在研究中采用了"选精法"与"集萃法"，即专门选用对自己观点有利的材料，而不顾或隐瞒对自己观点不利的材料，比如关于宋代亩产量，有学者就只取产量高的数字而故意回避产量低的数字，结果导致他们所描述的"江南农业革命"根本不是历史的实际，而是是一个虚像（《"选精""集粹"与"宋代江南农业革命"——对传统经济史研究方法的检讨》，《中国社会科学》，2000 年第 1 期）。这个问题，我认为不是一个简单的学术规范问题，而是一个深层次的学术伦理问题。

其三，故意忽视或贬低别人的观点

学术研究贵在创新，这是人人都懂的道理，也是大家做学术研究最希望达到的目标。创新，包括方方面面，提出新观点新方法、找到新材料等等，都是创新。但是，因为很多问题都已经不是初始研究，都不止一个人研究或不止一代学者研究，因此几乎在每个研究领域甚至几乎每个论题，目前学术界已经有了很多或较多重要研究成果。因此，创新尤为不易，一点点创新可能都需要学者付出极大的努力和心血。但有的学者为了走捷径，为了早出多出成果，在论文中故意显示自己的学术创新，而故意回避学术界最为重要的研究成果，尤其是回避与自己观点相近的研究成果。有的做法貌似很聪明，比如有的学者在论文中也会提及相关的研究成果，但却蜻蜓点水，对别人重要的学术成果故意轻描淡写，一笔带过；或在引用别人观点时避重就轻，即故意引用别人不太重要的观点，而隐瞒别人最重要的观点，尤其是隐瞒与自己完全一样的观点。这个现象目前在学术界并不少见，我认为这是一个极不聪明的做法，因为从事学术研究的是小众群体，将来关注你研究成果的，也是这个小众群体。也就是说，你的这种做法迟早会被同行发现的。最近就有学者因为这个问题而引起争端，甚至被指斥为严重的学术不端行为。我想，这应该是一个典型的学术伦理问题，应该引起我们的重视。

其四，不是以材料或事实证明自己的观点，而是以经典论述证明自己的观点

这一点在人文学科研究中表现比较突出。如上所述，学术论文最可贵的是学术创新，而学术创新最重要的就是提出新观点并对新观点进行充分的论证。历史学研究领域，学术创新在很大程度上是依靠材料。然而，现在有些学者写文章主要不是用资料或事实证明自己的观点，而是用领袖人物的话来证明自

己的观点，即把经典语录作为证据材料来使用。在这里，我不是说不能引用经典，更不是否认经典，而是强调，我们在研究中可以引用经典论述作为佐证，而不能拿经典论述作为证据。任何经典都是领袖人物或重要人物在特殊历史条件下所做出的判断，仅用别人的判断论证自己的判断，不是严肃的科学态度。往轻处说，这是偷懒或投机取巧；往重处说，这是违背学术伦理的，有以势压人的嫌疑。

其五，痴迷于自己的研究对象，丧失了基本的判断能力

现代学术分工愈来愈细，选题愈来愈专，因此很多学者一辈子可能就研究一个人物、一部经典著作、一个朝代、一个制度等等。这样的研究当然需要，因为正是这样的研究，使我们对很多专门问题的认识越来越深入。但是，过于专门的研究，尤其是学者专注于某一研究对象多年，往往会对这个研究对象产生感情依恋，从而导致对研究对象做出过高的评价，对其研究价值也会做出过高的评价，使研究失真。比如，研究李白的学者，往往认为李白是最伟大的诗人；而研究杜甫的学者，则会表示不服气，提出杜甫才是最伟大的诗人。很显然，这样的研究丧失了客观性和科学性。这是我们在看稿审稿过程中经常碰到的一个问题，给我们带来了很大的困扰。为什么？因为这些学者往往是相关研究领域最权威的学者，但是如果出现上述问题，那么编辑部就不好处理他们的论文。我认为，这同样是一个学术伦理问题，当然只能算是一个浅层次的学术伦理问题。

学术伦理是一个非常宽泛的概念，应该还包括其他很多的

内容，我就不一一列举了。以上所举五条，仅是根据我个人的经验所做总结，不妥之处，敬请行家批评。

从博士论文抽取部分章节发表合情合理合法
——关于学术规范问题的一封信

　　按：两年前，浙江某高校一青年教师申请副教授职称。根据学校所定标准，该青年教师已经完全达到了副教授论文发表的要求。但是，该校学术委员会却认为，这位青年教师所发表论文，与上传中国知网的他自己的博士论文部分重复，因此否决了该青年教师副教授的资格。该青年教师以及他的导师求救于我，我认为该校这种做法不合理，于是给该校学术委员会写了这封信。庆幸的是，该校学术委员会经过认真讨论，采纳了我的建议，同意给这位青年教师副教授职称。

　　鉴于这种现象比较普遍，而且涉及很多刚刚步入工作岗位的青年教师和研究人员的切身利益，希望引起大家重视。

某某大学学术委员会：

　　我不认同贵校对某某某同志论文所做出的认定，某某某同志从博士论文中抽取部分章节进行加工后在期刊发表，不是学术不端行为。

　　博士论文耗时多年写出，往往是学者一生用力最多、最重要的学术成果。因此，所有的人都对自己的博士论文格外珍惜。根据目前国内外学术界通行的做法，论文在出版社正式出版之前，完全可以将其中的重要部分拿到学术期刊发表，我平时也是鼓励学生这么做的。因为博士论文由中国知网上网，并非公开发表，或者并非个人意愿。因此，期刊发表论文中有与自己博士论文重合的地方，是正常现象，绝对不能视为违反学术规范。另外，国内所有学术期刊都能接受作者从博士论文凝练出的文章，也充分证明了这种行为的合理性和合法性。

2016 年教育部正式颁布了《高等学校预防与处理学术不端行为办法》，我本人全程参加了这个办法的制定。在这个办法中，其中第二十七条规定："经调查，确认被举报人在科学研究及相关活动中有下列行为之一的，应当认定为构成学术不端行为：（一）剽窃、抄袭、侵占他人学术成果；（二）篡改他人研究成果；（三）伪造科研数据、资料、文献、注释，或者捏造事实、编造虚假研究成果；（四）未参加研究或创作而在研究成果、学术论文上署名，未经他人许可而不当使用他人署名，虚构合作者共同署名，或者多人共同完成研究而在成果中未注明他人工作、贡献；（五）在申报课题、成果、奖励和职务评审评定、申请学位等过程中提供虚假学术信息；（六）买卖论文、由他人代写或者为他人代写论文；（七）其他根据高等学校或者有关学术组织、相关科研管理机构制定的规则，属于学术不端的行为。"（可查教育部网站"政策法规·教育部门规章"）某某某同志的行为不在上述禁止范围之内，因而贵校的决定没有法律法规依据。

学术评价是一个非常复杂的问题，在进行学术评价的问题上一定要慎重，对待年轻学者尤其要慎重。希望贵校本着实事求是原则，以及相关的法律法规，重新讨论关于某某某同志学术不端行为的认定。

此致
敬礼！

清华大学历史系教授
《清华大学学报》（哲学社会科学版）常务副主编
仲伟民
2017 年 5 月 4 日

一个不应该成为问题的问题是怎么成为问题的

前不久参加一个期刊座谈会，其中有不少与会者提出这样一个问题：现在博士研究生单独署名的文章是不是可以发？我很惊讶他们提出这样的问题，更惊讶作为学者的主编怎么会有如此荒唐的想法？为了避免身份歧视，很多年前我们就开始做了很多尝试，比如《南京大学学报》和《清华大学学报》在作者介绍部分，只写姓名和单位，不仅不标注诸如"长江学者奖励计划"之类的名目，甚至连教授、副教授、讲师或博硕研究生的身份都不标注，即根本不向读者透露作者身份。这当然给评价机构的统计和研究也带来一定困难，但是我们认为这是避免身份歧视的重要办法之一。

扶持年轻学者是学术期刊的重要责任，几乎家家期刊都会这么说，但毫不客气说，很多期刊只是流于口头，摆摆样子而已。拒发博硕生的论文，就是一种非常典型的做法。这当然不能完全归责于学术期刊，根源在于目前的学术体制和评价机制不鼓励学术期刊的此种做法，因为很多评价机构（包括核心期刊遴选）居然将作者身份以及是否基金项目等作为学术评价的重要标准，而且可能占比较高的权重。另外，博硕生因为尚未正式进入学术界，他们的文章极少可能会被引用，即对期刊不会有数据上的贡献。众所周知，核心期刊目前是学术界的稀缺资源，很多期刊为了保住或进入核心期刊而想尽一切办法，其中不发或尽量少发博硕生的文章，就是其中最容易做到的一种办法。因此，我们对一些学术期刊的此种做法，当有"同情之理解"，尤其是那些名次比较靠后以及在临界点的一些期刊，更是如此，学术期刊毕竟也要生存。

也就是说，支持青年学者本来是不成为问题的问题，现在却成了问题，而且成了大问题。在高水平期刊资源稀缺、而年轻学者数量却逐年增加的情况下，年轻人发表文章的确越来越难。社会上对学术期刊的批评有一定道理，作为期刊人，我们的确应该进行反思。但是，问题的根源不在期刊，而在整体的学术生态。必须努力改变学术生态，这个问题才有可能得到根本解决。首先，各高校各研究机构必须真正做到"破五唯"，不再把期刊分成三六九等；其次，各评价机构必须调整评价指标，比如取消身份等级的加分权重，为支持年轻学者的期刊增加权重；再次，学术期刊要加强自律，不提倡标注作者身份，尤其不提倡特别标注是否有长江学者等帽子的做法。

硕博生阶段是年轻人最有学术创造力的一个时期，希望期刊界同仁携手，共同为年轻学者搭建学术平台。这既是学术期刊"破五唯"的具体举措，也是学术期刊赢得年轻学者信任的良策。《郑州工商大学》能够打破常规，发表本科生论文，可以说带了一个好头，值得点赞。

希望这个不应该成为问题的问题，早一天真正不成为问题。

学术论文刊发前公示不可行！

按：2020 年 1 月 23 日《中国新闻出版广电报》刊发吴旭的评论《不妨实行学术论文刊发前公示制度》，该文认为，"对核心期刊拟采用、发表的论文实行公示制度，能让众多的'啄木鸟'辨别出核心期刊发表的论文是不是真正意义上的学术论文，有没有抄袭别人的论文及其观点"；"有利于营造探索真知的浓厚学术氛围，提高学术水平，也有利于许许多多没有人脉关系的普通科技、科研工作者的论文增加发表的机会，更有利于核心期刊、学术期刊增强自律自警意识，提升期刊质量"。本文发表于该报 4 月 2 日。

《不妨实行学术论文刊发前公示制度》一文在学术界引起不小的反响，赞同者不少。可是，我认为作者提出的建议很荒唐，作者不仅对目前的学术规制基本不了解，对学术期刊同样知之甚少。

此文最主要的见解是：学术期刊不同于日报、周报，很多核心期刊拟刊发的论文常常排长队，因此完全可以在出版前，将拟采用论文的内容简介、主要观点和作者姓名、工作单位等信息先行公示，以接受专家、学者和社会人士的评判和监督。作者美其名曰"阳光是最好的防腐剂"，甚至与"领导干部任前公示制度"硬扯在一起。我不怀疑作者的初衷，但作者的建议却体现出对绝大多数学者的不信任和不尊重，更重要的是，这种做法严重侵犯了学者的权利，藐视学者的劳动成果和付出。因为学术研究是一项艰苦的创造性活动，创新性观点多是学者们经过了长期阅读和思考后而提出并撰写成学术论文的，这应是作者本人独享的权利，任何人没有理由剥夺。但是，如果这些创新性观点在论文正式发表前就先行公示，则谁也没有办法保证不被别人窃取。学术界曾经多次发生学术观点被窃取的事件，比如学者在某学术会议上发表个人见解，可不久后发现有人先于自己发表了相同观点的文章。基于同样的原因，这也是很多学者为什么不愿把完整论文提交学术会议的一个重要原因。

几年前学术期刊出版就有了"优先出版"的尝试，即纸本期刊出版前先在网络（如中国知网）发表，最近又有"网络首发"。所以，编辑部决定发表而又不能及时安排刊期的论文，已经有很好的办法解决。另外，目前几乎所有的期刊都在论文发表前使用查重软件进行检查，从而基本避免了抄袭现象。至于各编辑部实行的三审三校及双向匿名评审制度等，也几乎成为工作常规。这说明作者对目前的期刊出版机制没有最起码的了解，此不必多言。

还需要指出的是，作者拿《冰川冻土》及《银行家》为例，指责期刊界的腐败现象，这也是非常不公允的。学术期刊发表"导师崇高"和"师娘优美"一类论文，完全是极个别不负责任的期刊所为，不能以偏概全。我们应该看到，经过有关部门的整顿及广大期刊同行的努力，多数学术期刊目前都已按国际规则运行，学术质量也在逐步提升，人文社会科学学术期刊尤其如此。

最后特别需要指出的是，客观评价学术期刊，尊重广大编辑付出的艰苦劳动和他们的人格，是繁荣我国学术事业的一个必要条件。

后　记

　　感谢徐峰兄的厚爱，允许我将最近十年来有关期刊、评价之类的杂乱想法拢在一起，凑成这样一个小册子。

　　走出校门33年来，我从未离开过期刊编辑的工作，所以很多朋友都把我看作是一个完全的期刊人。这当然没有错，我的确一直从事编辑的工作，我也乐意别人称呼我为编辑。我认为编辑是一个很高尚的职业，我愿意一辈子都列身于编辑队伍当中。不过，因为我个人研究的兴趣点始终都是在历史学，所以我又经常都感觉到身心是分离的。这么多年来，我始终坚持自己的学术研究，也喜欢写文章。当然，我撰写的基本都是历史学论文，关于期刊及评价方面的文章并不多。对我来说，这种身心的经常分离，不是痛苦，而是享受，这也是我大力提倡做"学者型编辑"的一个主要原因。不可否认，同时做两方面的工作，要比别人花更多的时间，也要付出更多的努力和辛苦，但我执着于这样的体验而从不厌烦，也没有任何的抱怨。

　　促使我关注并撰写与期刊相关文章的契机，是2012年7月30日原新闻出版总署印发《关于报刊编辑部体制改革的实施办法》。这个文件要求所有非时政类报刊包括学术期刊，要统一改制为出版企业。这一缺乏调研、罔顾客观实际的荒唐决定刺激了我的神经，我和朋友们连续写了几篇文章进行驳论。我不知道我和朋友们的反对到底起了多大作用，但我看到这个文件最终形同废纸，寿终正寝。从那时至今，我又断断续续写了又一些相关的文章，尽管不成体系，但都是我个人真实的想法。

在编辑工作中，我结识了很多高水平的主编和编辑，从他们身上学到了很多。这里我不可能一一列出他们的名字，我只提及两位文章合作者。一位是《南京大学学报》原主编朱剑教授，我与他的讨论和交流可能最多，也受益最多，他眼光的犀利、论证的严密、分析问题的透彻，是我望尘莫及的，他因此被称为"学报界的最强大脑"；另一位是年轻编辑桑海，他扎实肯干，知识面广博，在学术界和出版界有极好的人缘和号召力，更是学报界年轻编辑的偶像。我很荣幸能够与他们合作，我们共同撰写的文章也部分收在这本小册子里。

需要说明的是，因为文章是近 10 年来陆陆续续写成，其中提到的一些数据也是当年的，阅读或使用时请注意。另外，考虑到本套丛书的特点，我把几篇长文拆成了一些小文章。如果其中有错误，那一定都是我的责任。

仲伟民

2022 年元月 4 日于北京